Chacras para a Criatividade

Meditações e Práticas Baseadas na Ioga para Despertar Seu Potencial Criativo

Jilly Shipway

Chacras para a Criatividade

Meditações e Práticas Baseadas na Ioga para Despertar Seu Potencial Criativo

Tradução:
Bianca Rocha

MADRAS®

Publicado originalmente em inglês sob o título *Chakras for Creativity: Meditations & Yoga-Based Practices to Awaken Your Creative Potential*, por Llewellyn Publications.

Tradução autorizada do inglês.

Editor:
Wagner Veneziani Costa (*in memoriam*)

Produção e Capa:
Equipe Técnica Madras

Ilustrações internas:
Símbolo do caduceu (página 42) e símbolos dos chacras (páginas 87, 109, 127, 151, 171, 191, 211), pelo Departamento de Artes da Llewellyn.
Figura dos chacras (página 46), por Mary Ann Zapalac.
Ilustrações de ioga, pelo Departamento de Artes da Llewellyn, com base na arte de Jilly Shipway.

Tradução:
Bianca Rocha

Revisão da Tradução:
Jefferson Rosado

Revisão:
Ana Paula Liccisano
Jerônimo Feitosa

Dados Internacionais de Catalogação na Publicação (CIP)
(Câmara Brasileira do Livro, SP, Brasil)

Shipway, Jilly
Chacras para a criatividade : meditações e práticas baseadas na Ioga para despertar seu potencial criativo / Jilly Shipway ; [tradução Bianca Rocha].
1. ed. -- São Paulo : Madras Editora, 2023.
Título original: Chakras for creativity: meditations & yoga-based practices to awaken your creative potential.
ISBN 978-65-5620-058-3
1. Chacras 2. Criatividade 3. Espiritualidade 4. Ioga 5. Meditação 6. Transformação pessoal I. Título.
23-151833 CDD-299.93

Índices para catálogo sistemático:
1. Espiritualidade : Meditação : Religião 299.93
Aline Graziele Benitez - Bibliotecária - CRB-1/3129

MADRAS EDITORA LTDA.
Rua Paulo Gonçalves, 88 — Santana
CEP: 02403-020 — São Paulo/SP
Tel.: (11) 2281-5555 - (11) 98128-7754
www.madras.com.br

Elogios a *Chacras para a Criatividade*

"Inspirador e informativo, *Chacras para a Criatividade* é um acervo valioso de exercícios infalíveis para fazer sua essência criativa fluir... Vou manter este livro na minha cabeceira, para continuar recorrendo a ele quando eu precisar de um estímulo." **– Sally-Anne Lomas, artista plástica, cineasta e autora de *Live Like Your Head's on Fire***

"Seja você um iogue experiente ou alguém que busca ser inspirado, este livro lhe oferecerá as ferramentas para desbloquear a energia e permitir que sua essência criativa flua." **– Donna Negus, professora de ioga e atenção plena**

"Quando Jilly escreve um livro, surgem uma mão e um coração orientadores, calmos, confiantes e acolhedores. Ela nos leva mais a fundo a uma área, a um interesse ou a um modo de vida. Esta última proposta... será um deleite e uma fonte de referência constante, tanto para estudantes como para professores de ioga." **– Lindsey Porter, instrutora de ioga na Yoga Scotland e autora de *Whirlpools, Yoga and the Balance of Life***

"Uma aquisição bem-vinda para a biblioteca sobre criatividade, principalmente para aqueles que preferem uma abordagem física." **– Bethany Rivers, autora de *Fountain of Creativity* e editora da revista de poesia *on-line As Above So Below***

"O conteúdo, apesar de profundo, é muito acessível, e será de grande benefício para professores e praticantes de ioga e atenção plena, bem como para pessoas criativas que possam estar enfrentando dificuldades para dar origem a novas ideias... Um livro grandioso, sábio e extremamente útil." **– Marilyn Buckham, professora de ioga e atenção plena**

"Sequências de asanas personalizadas, meditações escritas e em movimento, sons, mantras, cores e mandalas, todos combinados de uma forma acessível e prática, ajudando-nos a nos conectar com o poder transformador dessas sete rodas de energia." **– Judy Brenan, professora na British Wheel of Yoga**

"Quando comecei a ler este livro, não consegui largá-lo... Quando, depois, entrei no meu estúdio, eu simplesmente consegui me desprender e dançar com a minha imaginação. As minhas pinturas que estavam incompletas foram repentinamente finalizadas... Um livro essencial para todos os que desejam realmente prosperar em seu potencial criativo completo." **– Ian Baker Johnson, artista plástica e conselheira pessoal**

"*Chacras para a Criatividade* certamente não é 'apenas mais um livro sobre chacras'... Este livro contém uma explicação abrangente sobre o sistema de chacras a partir de textos antigos, mas seu impacto vem de uma forma imaginativa com a qual todo mundo pode desbloquear seu verdadeiro potencial criativo." **– Clare Badham, professora de ioga**

"Um acervo valioso de uma prática variada, rica e mágica, que desbloqueará o potencial de cada leitor gradativamente... Este livro deveria vir com um aviso: esteja ciente de que *Chacras para a Criatividade* terá um impacto positivo duradouro na sua saúde, no seu bem-estar e na sua criatividade." **– Angela Ripley, cofundadora da Om Yoga Works e da Om Yoga Works Foundation**

"Cada página está repleta de sabedoria... Este livro, encantador e acolhedor, ajudará todas as pessoas a utilizar o modelo dos chacras para se compreenderem melhor... Este livro é para ser lido de uma só vez no primeiro contato e ser consultado inúmeras vezes depois." **– Sage Rountree, PhD, professora de ioga com registro E-RYT 500 e autora de *Everyday Yoga* e *Teaching Yoga Beyond the Poses***

"Mapeando o corpo, da terra ao céu, Jilly apresenta uma série de técnicas, ferramentas e atividades simples, porém muito eficazes, para as pessoas acessarem seu próprio potencial criativo único, seu empoderamento e sua expressão." **– Jean Hall, professora de ioga e autora de *Breathe***

"Jilly apresenta uma perspectiva clara e inovadora sobre os chacras, exatamente o que você esperaria de um livro baseado na criatividade. Este é um guia excelente e ideal para todos os que querem desenvolver suas habilidades e seus dons criativos... Ele é muito bem escrito e organizado de uma maneira fácil de se acompanhar. Altamente recomendado." **– Julie Lusk, autora de *Yoga Nidra Meditations***

Para Ada Mary, minha avó.
Obrigada por despertar a minha centelha criativa.

Aviso Legal

Antes de iniciar um novo programa de exercícios, é recomendado que você busque aconselhamento médico do seu prestador de cuidados de saúde. Você possui total responsabilidade pela sua segurança e deve conhecer seus limites. Antes de praticar as posturas asanas conforme descritas neste livro, certifique-se de estar bem informado sobre a prática correta, e não assuma riscos além dos seus níveis de experiência e conforto. A editora e a autora não assumem responsabilidade por quaisquer danos causados ao leitor que possam ser decorrentes da utilização do conteúdo contido nesta obra e recomendam o bom senso ao contemplar as práticas descritas nela.

Índice

Exercícios

Práticas de Ioga

Meditações e Visualizações dos Chacras

Meditações em Movimento dos Chacras

Meditações Escritas dos Chacras

Perguntas Meditativas dos Chacras

AGRADECIMENTOS

Um livro é sempre um esforço em equipe e, novamente, foi um prazer colaborar com a equipe de produção da Llewellyn Worldwide, que trabalhou duro para apresentar este livro da melhor forma possível. Eu tenho uma enorme dívida de gratidão com a minha incrível editora, Angela Wix, por sua apreciação impecável e por ter me orientado de maneira tão primorosa ao longo de três livros! Além disso, um grande agradecimento à minha editora de produção, Lauryn Heineman, por seu trabalho meticuloso e por sempre ser um prazer trabalhar com ela. Agradeço também a Aundrea Foster, *copywriter*, Cassie Willett, capista, e Christine Ha, *designer* de produção.

Agradeço ao meu marido, Simon. Seu amor, apoio e incentivo significam muito para mim! Agradeço a Kay, minha filha, que é uma das pessoas mais criativas que conheço – a semente da ideia para este livro cresceu das nossas conversas sobre criatividade.

Agradeço a Natalie Goldberg, cujos ensinamentos e escritos me inspiraram, muitos anos atrás, a me empenhar em cultivar a escrita como uma meditação. E a Thich Nhat Hanh, por seus ensinamentos e escritos, que sempre me lembram de caminhar de forma meditativa e, até mesmo nos dias mais escuros, olhar para cima e desfrutar da beleza do céu.

Agradeço a Anodea Judith, por seu trabalho inovador, que expandiu e enriqueceu a nossa compreensão sobre os chacras.

Minha própria prática de ioga, o meu ensinamento e minha escrita foram enriquecidos pelos preceitos inspiradores de Vanda Scaravelli, Sandra Sabatini, Donna Farhi, Judith Lasater, Cyndi Lee, Sarah Powers, Erich Schiffmann e Gary Kraftsow.

Sou grata a Julie Lusk, pelo apoio e incentivo na escrita; a Summer Cushman, por sua abordagem profunda, encantadora e autêntica da ioga; e a Judy Brenan, por sua amizade e seu apoio e pelas excelentes conversas sobre ioga!

Agradeço a todos os alunos que estudaram ioga comigo ao longo dos anos. Aprendi muito ensinando a vocês e recebendo seu *feedback* inestimável. Agradecimentos especiais às minhas classes de ioga regulares, que todas as semanas trazem alegria para a minha vida!

Agradeço a Helen e Steve Collins, pela diversão, pelos jogos e pelas risadas! A Libby James, por seu amor e incentivo. Ao grupo de caminhada, pelos passeios, pelas conversas e pelas incríveis pausas para bolos! A Alison Ash, pelas conversas adoráveis e desafiadoras e por ser uma grande amiga. E a Amie Allen, osteopata, por ajudar a me manter equilibrada e harmonizada durante o processo de escrita deste livro.

E, por fim, agradeço àquela centelha criativa dentro de todos nós, que nos impulsiona a reimaginar o mundo e a expandir nosso senso sobre o que é possível realizar por meio da nossa criatividade extravagante, desordenada e incrível!

"E, se você se apaixonar pela imaginação,
compreenderá que ela é um espírito livre.
Ela irá a qualquer lugar e realizará qualquer coisa."
– Alice Walker

Introdução

Desperte Sua Centelha Criativa!

Crianças pequenas enxergam o mundo pelo prisma de um arco--íris. Tudo é novo para elas. A pergunta que fazem constantemente é: "Por quê?". Elas possuem um senso de deslumbramento. São divertidas. O mundo é repleto de possibilidades. Aprendem brincando. O mundo delas não é fixo. O que acontece ao longo do caminho para nos fazer esquecer de que já vimos o mundo como um lugar mágico, repleto de possibilidades infinitas? Por que a vida se torna entediante, entramos no piloto automático e paramos de enxergar a beleza e o potencial ao nosso redor? A imaginação é como um músculo e, quando ela não é utilizada, torna-se fraca e atrofia.

A fim de vivermos uma vida criativa, devemos começar a enxergar o mundo por meio de uma nova visão, parando de aceitar cegamente que é assim que as coisas são e, em vez disso, nos questionando sobre como as coisas poderiam ser feitas de forma diferente. Quando os primeiros astronautas olharam para a Terra, suspensos no vazio escuro do espaço, a percepção da beleza e da fragilidade do nosso planeta foi notada por eles de maneira muito clara. Embora possamos não voar até a Lua, podemos mudar nossa perspectiva e enxergar o mundo de um ângulo diferente. Agora, mais do que nunca, quando vivemos em um mundo sobrecarregado com muitos problemas potencialmente catastróficos, precisamos do poder de mentes criativas para gerar soluções vitais. Nós também buscamos a criatividade e a ioga para nos proporcionarem alívio, relaxamento e refúgio dos estresses causados por viver nestes tempos tão turbulentos.

Uma pessoa criativa usa sua imaginação para gerar ideias. Ela resolve problemas. Ela inventa. Ela cria. A criatividade surge quando você se depara com uma situação impossível, mas, ainda assim, se levanta a cada manhã e diz: "Eu vou conseguir encontrar uma saída para isso". E, apesar de ainda não conseguir enxergar a luz no fim do túnel, consegue imaginar essa luz no olho da sua mente, e você está caminhando em direção a ela. A criatividade surge quando você se ama, apesar de todas as mensagens da sociedade dizerem que é indigno de ser amado. Esse amor profundo é a criatividade.

Infelizmente, muitas pessoas enfrentam experiências ruins em seus anos de formação, as quais as convencem de que elas não são criativas. Quando saí da faculdade de Artes no início dos anos 1980, trabalhei durante um ano em uma escola primária, cada dia atuando em uma classe diferente e produzindo arte com os alunos. Consigo me lembrar com clareza de uma professora gritando com uma menina de 5 anos, porque a garota pintou de azul o cabelo da pessoa em seu desenho. "Qual cor tem o cabelo?", a professora gritou para a criança de olhos arregalados. "Com certeza não é azul!". Essa educadora evidentemente nunca viu uma pintura de Picasso durante sua fase azul. Esse é o tipo de acontecimento que pode fazer com que uma criança não desenhe mais na vida e convencê-la de que ela não sabe desenhar. É muito mais útil simplesmente pedir para uma criança lhe contar sobre seu desenho. As cores que ela usa podem não ser uma representação fotográfica de uma pessoa de verdade, mas permitem que a criança expresse o que está sentindo. Desenhar é muitas vezes usado como terapia para crianças que passaram por experiências traumáticas, como guerras.

Eu me lembro de, aos 5 anos de idade, no meu primeiro dia na escola, receber um punhado de lápis de cor e um desenho em preto e branco de uma maçã para colorir. Estava colorindo alegremente, quando a assistente da professora me repreendeu de maneira sutil por eu não estar colorindo dentro das linhas. Ela me mostrou de modo paciente como colorir e não ultrapassar o contorno preto. Essa foi uma boa habilidade para se aprender, mas tive de desaprendê-la quando me tornei uma jovem estudante de Arte. Em alguns momentos, é bom permanecer dentro do contorno; em outros, é necessário permitir que a pintura flua livremente pela sua folha ou tela. Na época em que me sentava à mesa e desenhava com a minha própria filha pequena, existiam livros de colorir fantásticos chamados de livros de anticolorir, que incentivavam as crianças (e os adultos!) a deixarem sua imaginação correr solta.

Felizmente, apesar de nossa confiança criativa poder ser marcada por experiências negativas da infância, o espírito humano é resiliente e o impulso criativo não é facilmente extinguido. Isso é favorável, porque existem muitos benefícios comprovados da criatividade, os quais analisaremos mais profundamente na parte 1 deste livro. O texto de ioga antigo *Chandogya Upanishad* nos diz que: "há uma Luz que brilha além de todas as coisas na terra, além de todos nós, além do céu, além dos céus mais altos e muito altos. Essa é a luz que brilha em nosso coração".[1] O objetivo deste livro é ajudá-lo a se reconectar com a centelha divina dentro de você, a fim de que possa criar mágica na sua vida e alcançar o seu potencial criativo.

Evidentemente, algumas vezes ao longo da vida, saímos dos trilhos, perdendo-nos em nosso caminho, e, nesses momentos, parece que perdemos o contato com a luz que nos guia; nós nos encontramos vagando perdidos no limite da nossa vida. A vida se torna entediante e agimos no piloto automático, enxergando o mundo monocromático, em vez de em seu espectro de cores do arco-íris. A centelha divina dentro de cada um de nós é como a chama de uma vela vista através do vidro de um lampião. Se o vidro ficar sujo, então, a chama da vela ficará ofuscada. No entanto, depois de polirmos o vidro, a chama brilhará forte novamente. A chama é constante e está sempre lá, resplandecente no espaço do nosso coração, mas o vidro está sujo, portanto, a chama aparece ofuscada. A ioga nos mostra como polir nosso lampião metafórico, e, então, nós nos tornamos capazes de irradiar nossa luz sobre o mundo novamente.

Este livro é para você que enfrenta dificuldades na vida (e quem não enfrenta?), mas ainda deseja cantar sua música, compartilhar o seu poema, escrever uma história, fazer um cartaz de protesto, assar um

1. MASCARO, Juan (trad.). *The Upanishads*. London: Penguin, 1965. p. 113.

bolo, inventar uma história para seu filho na hora de dormir, pintar um quadro, fazer amor, tricotar um suéter com as cores do arco-íris ou costurar uma colcha da amizade. Este livro é para você que é uma pessoa que deseja criar beleza e compartilhá-la com o mundo, até mesmo se algumas vezes suas necessidades criativas ficaram submergidas e enterradas profundamente sob as minúcias da vida cotidiana. Apesar de se sentir sobrecarregado, você ainda anseia por se tornar criativo e despertar a vida novamente. Este livro é para você que sempre teve a ideia de que gostaria de fazer algo criativo, mas ainda não realizou isso, e sente que existe um romance, uma sinfonia, uma pintura ou alguma outra obra-prima dentro de si que está esperando para ser lançada!

Chacras para a Criatividade

Neste livro, descreverei a teoria dos chacras, mas principalmente como ela se relaciona com impulsionar seu potencial criativo. Eu também compartilharei com você muitas formas práticas de utilizar a ioga, a meditação e as visualizações, a fim de que possa vivenciar os chacras diretamente e integrar o poder transformador deles no seu próprio caminho criativo.

Tradicionalmente, o segundo chacra, o chacra sacral, é considerado pertencente de forma mais intensa à criatividade, e isso provavelmente se deve à sua associação com a água e a Lua, e à sua relação sensual com o prazer, a sexualidade e a criação de uma nova vida. No entanto, para otimizar nosso potencial criativo, devemos adotar uma abordagem holística no que diz respeito aos chacras, pois cada um deles estimula e intensifica nossa criatividade de modos diferentes, mas igualmente importantes, conforme demonstrado na lista a seguir:

Chacra raiz: este chacra vermelho-vivo oferece uma fundação sólida para a sua criatividade. Quando você trabalha com este chacra, aprende a cuidar das suas necessidades de sobrevivência básicas, o que o deixa livre para desenvolver sua criatividade a partir de uma base sólida e segura. Com a terra lhe dando apoio, você pode estabelecer raízes, e sua criatividade pode crescer e ser sustentada. Este é o local onde sua criatividade encontra um lar.

Chacra sacral: trabalhar com este chacra associado à água o ensina a seguir o fluxo e o refluxo da sua criatividade. Este chacra laranja intenso o eleva e o carrega em uma onda de prazer, e, por meio do seu trabalho, você compartilha esse prazer com os outros. O chacra sacral conecta sua criatividade ao cordão umbilical da vida, você aprende sobre a atração dos opostos, e suas ideias são fertilizadas e crescem.

Chacra do plexo solar: este chacra permite que você irradie sua luz criativa no mundo. Ele lhe oferece confiança para brilhar! Trabalhar com este chacra o ajuda a desenvolver a habilidade de ocupar um espaço criativo no mundo. Ele ativa sua criatividade, e você descobrirá a vontade, o estímulo e o impulso para colocar suas criações no mundo.

Chacra cardíaco: este chacra traz vida e amor para as suas criações. Ele o ajuda a encontrar um ponto de equilíbrio entre o céu e a terra, resultando em suas criações serem harmoniosas e equilibradas. Trabalhar com este chacra o ensina a demonstrar compaixão e amor, a si mesmo e aos outros, ao trilhar o caminho criativo.

Chacra da comunicação: este chacra permite que você dê voz às suas criações e comunique sua visão. Ele o ensina a se manifestar e ser ouvido, mas também a escutar e aprender. Trabalhar com este chacra o ensina a falar com o coração, transmitir sua sabedoria por meio da sua criatividade e receber sabedoria por intermédio da escuta criativa.

Chacra do terceiro olho: trabalhar com este chacra desenvolve sua intuição, clarividência e imaginação. Você aprende a ver com o seu olho interior, visualizar o que deseja criar, bem como recordar os seus sonhos e ser guiado por eles. Sua visão criativa é iluminada, e você está aberto a receber inspiração superior. Você vê e sabe.

Chacra coronário: trabalhar com este chacra é transformador, ele revela sua centelha interior de genialidade e relaxa-o em um estado de puro êxtase. Agora, você é capaz de se elevar acima das preocupações cotidianas e de se conectar com o sagrado, e está imbuído de uma sensação de estar em harmonia com tudo isso. Você enxerga o panorama geral e não fica mais preso pelas minúcias da vida. Sente-se conectado ao cosmo e aberto a receber inspiração divina. Agora, você pode ver o divino no comum. Aprofunde-se e descubra seu ouro criativo!

Nós nos aprofundaremos na sabedoria dos chacras na parte 1, mas, por enquanto, espero que essa lista lhe ofereça uma amostra das formas com que é possível trabalhar com os sete chacras, as quais podem apoiar, estimular, cultivar e expandir exponencialmente seu potencial criativo.

Desenvolva Seu Potencial Criativo

Descobri a ioga e me apaixonei completamente por ela na adolescência, portanto, passei minha vida estudando e praticando ioga. Aos vinte e poucos anos, fiz um treinamento para ensinar ioga e, atualmente, tenho mais de 30 anos de experiência de ensino. Eu tenho tido o privilégio de testemunhar, ao longo de várias décadas, como meus alunos, ao trabalharem com os métodos descritos neste livro, desenvolvem seu potencial criativo completo.

Para mim, a criatividade e a ioga sempre andaram de mãos dadas. Meus quatro anos na faculdade de Artes, estudando belas-artes no nível de graduação, ajudaram-me a desenvolver uma abordagem divertida, criativa e flexível, o que me deixou em uma boa posição para conceber práticas de ioga criativas e imaginativas. E os muitos anos em que passei em aulas de desenho com modelos vivos, estudando a forma humana nua, significam que desenho excepcionalmente bem bonecos-palito em posturas de ioga!

Meu ímpeto para escrever este livro surgiu de um desejo de compartilhar as técnicas de ioga e de atenção plena que me ajudaram a superar muitos desafios na minha vida e de realizar o sonho de me tornar uma autora de ioga publicada. Todas as técnicas que compartilho com você nesta obra foram integradas com sucesso na minha vida, na minha prática de ioga e no meu ensinamento ao longo de décadas. Eu sei por experiência que elas funcionam, e que elas possuem o poder de transformar a sua vida e de potencializar sua criatividade.

A abordagem Chacras para a Criatividade, que compartilharei com você neste livro, inclui meditações dos chacras, práticas de ioga inspiradas nos chacras, meditações em movimento, meditações escritas e perguntas meditativas. Essas técnicas, que são simples de aprender, oferecerão a você acesso a um acervo valioso de criatividade, e, com a prática constante, elas lhe permitirão que acesse uma fonte de sabedoria interior profunda, que é a fonte de toda a criatividade.

As técnicas de ioga e de atenção plena descritas neste livro são simples, eficazes, acessíveis e breves o suficiente para se adequarem facilmente a uma vida atarefada. Independentemente de você ser um profissional criativo ou alguém que deseja usar a criatividade em seu tempo livre para proporcionar uma sensação de bem-estar, as práticas descritas aqui o beneficiarão. Se você for um escritor que busca maneiras de superar um bloqueio na escrita, este livro apresentará formas de você aceitar, compreender e atravessar o bloqueio e, no processo, abrir-se para uma fonte de inspiração ilimitada. Independentemente da área artística na qual você estiver envolvido, as práticas farão sua essência criativa fluir de novo. Evidentemente, a criatividade não é limitada às artes, e existem inúmeros benefícios de aplicar uma abordagem visionária, flexível e criativa nos negócios, nas ciências e na vida cotidiana em geral. Então, se você um cientista, um artista plástico, um *chef*, um matemático, um dançarino ou um ativista ambiental, pode se beneficiar do fortalecimento dos seus músculos criativos.

Como Utilizar Este Livro

Esta seção lhe oferecerá algumas dicas sobre como obter o máximo deste livro e como navegar por ele. Após você ler esta seção, passe para a parte 1, "A Abordagem Chacras para a Criatividade", na qual você aprenderá mais sobre os elementos encontrados em cada um dos capítulos sobre os chacras e como trabalhar melhor com eles.

Cada um dos capítulos sobre os sete chacras contém os seguintes elementos:

- Um guia resumido sobre o chacra.
- Uma introdução sobre o chacra.
- Um guia de ioga inspirado no chacra.
- Uma prática de ioga inspirada no chacra.
- Uma meditação ou visualização do chacra.
- Uma meditação em movimento do chacra.
- Ideias de meditações escritas do chacra.
- Uma série de perguntas meditativas do chacra.

Após ler a parte 1, você estará pronto para se aprofundar nos capítulos sobre os chacras na parte 2. Na primeira vez, sugiro que você comece pelo capítulo do chacra raiz e percorra o livro até chegar ao capítulo do chacra coronário. Isso lhe proporcionará uma compreensão fundamental sobre os sete chacras e como trabalhar com eles para impulsionar sua criatividade. Após isso, estará apto a se aprofundar nos capítulos sobre os chacras de uma forma que funcione para si.

Conforme você obtiver mais experiência trabalhando com os chacras, descobrirá que sabe intuitivamente em qual chacra precisa prestar mais atenção. Espero que você recorra a este livro diversas vezes e por diferentes motivos. A maioria de nós precisa trabalhar constantemente no chacra raiz para assegurar que tenhamos fundações sólidas, estabilidade e apoio nas nossas vidas. Ou, por exemplo, se você estiver se sentindo criativamente bloqueado, rever o capítulo do chacra sacral permitirá que sua criatividade flua de novo. Quando precisar ser assertivo, recorra ao chacra do plexo solar. Para uma atitude rígida, tente reconectar-se com seu chacra cardíaco bondoso. Para encontrar sua voz, recorra ao chacra da comunicação. Para impulsionar sua imaginação e percepção, vá até o capítulo do chacra do terceiro olho. E, para trazer momentos mais abençoados na sua vida em relação a simplesmente existir, recorra ao capítulo do chacra coronário.

Este livro é um guia prático sobre os chacras, portanto, ler os capítulos sobre os chacras é seu primeiro passo; no entanto, ao realizar os exercícios dos chacras em cada capítulo, você desbloqueará a abertura para o potencial criativo extraordinário dos chacras. É praticando as meditações dos chacras, ioga, caminhada, escrita e perguntas meditativas que você obterá acesso aos poderes mágicos, transformadores e extasiantes dos chacras!

Tenho certeza de que, como uma pessoa criativa, você descobrirá suas próprias formas inovadoras de utilizar este livro. Cada vez que ler um dos capítulos sobre os chacras e trabalhar com os exercícios, irradiará a luz da sua consciência para o chacra e trará vida a ele. Este livro está aqui como um farol, irradiando uma luz no caminho que conduz à sua realização criativa.

Agora, você está totalmente preparado para avançar para a parte 1 do livro, na qual vamos analisar os cinco elementos principais que compõem a abordagem Chacras para a Criatividade.

PARTE 1

A Abordagem Chacras para a Criatividade

Capítulo 1

Ioga: A Mãe da Invenção

A abordagem Chacras para a Criatividade, descrita neste livro, é uma abordagem devocional. No entanto, tenha certeza de que essa abordagem devocional é benéfica e apropriada para pessoas de todas as religiões ou de nenhuma religião. Por "devocional", quero dizer que nos acalmamos e nos abrimos para a orientação e a inspiração criativa. Cabe a você decidir se essa orientação que recebe no silêncio da contemplação vem de uma fonte divina ou de sua própria sabedoria interior.

As origens maternas da ioga podem nos oferecer a base para essa abordagem devocional ou contemplativa. De acordo com a tradição hindu, o conjunto de conhecimentos que chamamos de ioga nasceu do ventre da própria Terra.[2] E, apesar de Patanjali ser geralmente referido como o "pai" da ioga, pouco se sabe de que seu conhecimento de ioga, que foi organizado por ele na Ioga Sutra, foi-lhe transmitido por sua mãe, Gonika. A história diz que, na Antiguidade, uma sábia iogue chamada Gonika foi incumbida de repassar a sabedoria antiga de ioga que foi gerada pela Terra, garantindo que esse conhecimento sagrado fosse preservado para as gerações futuras. Por muitos anos, Gonika buscou sem sucesso um aprendiz adequado para quem pudesse repassar seu conhecimento. Por fim, um dia, enquanto ela estava em uma cachoeira que desaguava em um rio, pegou um pouco de água em suas mãos po-

2. FEUERSTEIN, Georg. *The Yoga Tradition*: Its History, Literature, Philosophy and Practice. Prescott, AZ: Hohm Press, 2001. p. 214.

sicionadas em forma de concha e rezou para o Deus-Sol, dizendo: "Este conhecimento veio por meio de você; permita-me devolvê-lo a você". O Deus-Sol sorriu para ela e respondeu à sua oração, depositando em suas mãos em posição de reza uma serpente que caiu do céu, e ela a chamou de Patanjali. "*Pata*" significa tanto "serpente" quanto "caído"; "*anjali*" é o gesto de adoração com as mãos posicionadas em forma de concha.[3]

Pode ser útil e inspirador evocar a sabedoria de Gonika no início de um projeto criativo ou em qualquer momento no qual você se sentir criativamente bloqueado, a fim de fazer suas ideias fluírem de novo. Isso o ajudará a se sentir conectado a uma fonte de inspiração universal que está sempre disponível quando você precisa de um estímulo criativo. Para evocar a sabedoria de Gonika, imagine que, assim como ela, você está em uma cachoeira que deságua em um rio e levanta suas mãos em posição de reza, pedindo que a sabedoria criativa possa fluir por você e de volta para o mundo, de onde ela veio. A água representa uma fonte de ideias criativas que é reabastecida de modo constante. Se parecer certo, diga silenciosamente: "Este conhecimento veio por meio de você; permita-me devolvê-lo a você". A ideia por trás disso é que existe um fluxo de inspiração cíclico, que estamos acessando, recebendo e devolvendo à sua fonte.

Conforme mencionado anteriormente, essa abordagem pode ser utilizada tanto de uma forma religiosa quanto de maneira secular. Se você possui crenças religiosas, então, durante a visualização, pode pensar em si mesmo acessando o conhecimento de uma fonte divina. Se não tiver uma inclinação religiosa, pode visualizar o conhecimento ou a inspiração surgindo da natureza e sendo devolvido a ela. Ou, de modo alternativo, pode visualizá-lo ao acessar a fonte da sua própria sabedoria interior, e é isso que está fluindo por você e o inspira.

Na abordagem Chacras para a Criatividade, começamos com um abrandamento devocional, a fim de que possamos nos abrir para receber inspiração. Isso envolve um período de abrandamento, relaxamento, concentração e escuta profunda. No entanto, após estarmos inspirados, nós agimos, criamos e manifestamos nossa visão no mundo. Recebemos inspiração divina e a devolvemos criando beleza no mundo.

3. IYENGAR, B. K. S. *The Tree of Yoga*. London: Thorsons, 2000. p. 74.

Ioga e Criatividade para Estimular o Bem-Estar

Na verdade, o Caminho da Ioga e o Caminho da Criatividade não são caminhos separados: eles são o mesmo e único caminho. Linda Naiman, fundadora da Creativity at Work, diz: "A criatividade é o ato de transformar ideias novas e imaginativas em realidade. A criatividade é caracterizada pela habilidade de perceber o mundo de novas maneiras, descobrir padrões ocultos, estabelecer conexões entre fenômenos aparentemente não relacionados e gerar soluções".[4] A ioga, assim como a criatividade, visa unir opostos complementares, com o objetivo de equilibrar esses opostos para alcançar um estado de equilíbrio e paz. Nesse estado, temos uma sensação de união e de conexão com tudo o que existe. A palavra "ioga" vem do sânscrito, a língua das escrituras da Índia Antiga. Sua raiz é o verbo "*yuj*", que significa "juntar" ou "unir". Quando formamos uma união entre a ioga e a criatividade, nós nos colocamos em um caminho que nos conduz a uma jornada contínua em direção ao todo.

A criatividade, assim como a ioga, possui benefícios para a saúde física, emocional e mental. Uma pesquisa demonstrou que se envolver em atividades criativas aprimora a saúde mental e física, intensifica a felicidade, melhora o ânimo e aumenta a função cerebral.[5] Os benefícios da ioga para a saúde estão bem documentados. Em termos gerais, a prática física de ioga aprimora a elasticidade, a flexibilidade e a força. Isso significa que, como o seu corpo está funcionando bem, ele o deixa livre para se concentrar em seguir com a vida, incluindo os seus esforços criativos, estando desimpedido por dores e sofrimentos.

A prática de ioga, sobretudo quando trabalha com os chacras, remove bloqueios que impedem a sua energia vital, *prana*, de fluir livremente. Quando a sua energia vital estiver circulando livremente de novo,

4. NAIMAN, Linda. "What Is Creativity (And Why Is It Crucial for Business Success?)". *Creativity at Work*, 18 nov. 2021. Disponível em: <https://www.creativityatwork.com/what-is-creativity/>.

5. MCEVOY, Marcella. "How Creativity and Hobbies Can Benefit Your Health". *Bupa*, 20 fev. 2020. Disponível em: <https://www.bupa.co.uk/newsroom/ourviews/creativity-hobbies-benefit-health>.

você se sentirá revitalizado, energizado e aberto a receber inspiração. A prática regular de ioga nos ajuda a desenvolver foco e concentração. Nós nos treinamos para observar nossos pensamentos e retornamos para um único foco; essa concentração focada significa que estamos mais produtivos e menos propensos a distrações quando estamos envolvidos em esforços criativos. Estados de relaxamento e meditação da ioga aprimoram a clareza e o autoconhecimento, e desenvolvemos confiança em nossa sabedoria interior, o que nos leva a ficarmos receptivos a ideias criativas extravagantes e incríveis quando elas surgem!

Tanto a criatividade quanto a ioga estão associadas a estados arrebatadores. Os iogues acreditam que nosso estado natural é um estado de êxtase (*samadhi*). De forma semelhante, os artistas falam sobre o arrebatamento de estar no fluxo do processo criativo. Os esportistas se referem a isso como "estar em sua melhor *performance*". O êxtase é um estado de graça vivenciado tanto por praticantes de ioga quanto por aqueles que se envolvem em esforços criativos. Nós não conseguimos "alcançar" a graça – ela não é um desfecho. No entanto, este livro compartilhará com você práticas que o ajudarão a criar as condições certas para a graça se desenvolver.

O estado da ioga é um estado de êxtase. Quando você entra nesse estado, tem uma sensação de união com tudo o que existe. Esse não é um estado de fazer; é um estado de ser. Você já pode ter tido a sorte de ter um vislumbre desse estado extasiante na sua prática de ioga ou enquanto estava completamente absorvido em outra atividade, como pintura, escrita, jardinagem, passar um tempo na natureza, fazer amor ou preparar um bolo de frutas! Talvez tenha tido essa experiência enquanto caminhava por uma linda paisagem. O ritmo da sua caminhada, o sol no seu rosto, uma vista do topo da montanha, tudo de uma vez, e você não se sentiu mais separado do seu entorno – fazia parte de tudo isso.

Muitos praticantes de ioga consideram que suas ideias mais criativas surgem desse estado de êxtase da ioga. A autora Julie Lusk considerou que todo o conceito do seu incrível livro *Yoga Nidra Meditations* surgiu para ela durante uma sessão de ioga nidra. De modo semelhante, muitas vezes descubro que a resposta para um problema criativo que eu estava tendo dificuldade em resolver simplesmente surge na minha mente durante uma das minhas sessões de ioga matinais.

Toda essa conversa sobre êxtase iogue e criativo nos conduz ao dilema de que certamente um artista precisa sofrer por sua arte. Existe um pouco de verdade nisso. Ao observar um projeto criativo completo, do começo ao fim, há normalmente diversos desafios ao longo do caminho. Expressar-se de maneira criativa requer coragem, estâmina e uma grande quantidade de autoconfiança. Os momentos de êxtase iogue que vivenciamos podem ser fugazes; no entanto, eles nos apoiam quando as coisas se tornam difíceis, e precisamos navegar pelos obstáculos inevitáveis que estão espalhados pelo nosso caminho na vida.

Crie um Mundo Melhor com a Ioga e a Criatividade!

O renomado iogue T. K. V. Desikachar escreveu: "Um significado adicional da palavra 'ioga' é 'obter o que antes era inatingível'".[6] Se você estiver insatisfeito com a forma como sua vida está sendo conduzida ou preocupado com o estado do mundo, então, a ioga combinada com a criatividade o ajudará a agir com amor e poder para transformar o mundo ao seu redor. Esse é um caminho de aprendizado contínuo.

Muitas vezes, o impulso criativo nasce de uma sensação de insatisfação com a forma como as coisas são. A mente criativa é uma mente rebelde. Ela faz perguntas, desafia as normas sociais e, apesar de não conduzir a uma vida fácil, leva a uma vida mais interessante. A criatividade nos dá poder para imaginar que o mundo poderia ser diferente, que as coisas poderiam ser feitas de um modo melhor. Talvez você esteja preocupado com o fato de que, se ficar muito extasiado com a ioga, perderá seu toque criativo. Eu consigo entender essa preocupação, apesar de, pessoalmente, ter descoberto que o oposto é verdadeiro. Durante mais de 40 anos de prática de ioga, nunca perdi meu senso de indignação quanto à injustiça no mundo. Mas, em vez de me sentir pequena e impotente diante dessa percepção, a ioga me oferece clareza para enxergar

6. DESIKACHAR, T. K. V. *The Heart of Yoga*. Rochester, VT: Inner Traditions, 1995. p. 5.

os pequenos passos que posso dar, a fim de realizar mudanças na minha vida e no mundo.

Isso funciona das duas formas, e descobri que minha mente criativa e questionadora também me manteve segura dentro do mundo da ioga. Existem algumas escolas de ioga que o desestimulam a pensar por si mesmo; há uma ênfase na obediência inquestionável, com poder vindo de cima para baixo, o que cria condições perfeitas para que ocorra abuso. Algumas vezes já estive em ambientes de ioga assim e me tornei impopular por fazer perguntas. Felizmente, uma combinação de curiosidade criativa da minha parte, confiança na minha própria sabedoria interior e uma forte dose de feminismo lançada significou que fui capaz de navegar por esses ambientes desafiadores e me orientar por um caminho da ioga que é mais autêntico e íntegro.

A ioga, em sua forma mais pura, é subversiva. Em um mundo no qual somos incentivados a sempre estarmos ocupados, a consumirmos de modo excessivo, a nos distrairmos constantemente, a ioga nos convida a parar, a desacelerar, a refletir, a estar presente neste momento. Essa é uma forma radical de ser, que nos leva a questionar a sabedoria de sempre fazer. Nós nos reconectamos com os ritmos da natureza, que também são os nossos próprios ritmos. Esse é um modo mais saudável de estar no mundo e nos conduz a viver de maneira mais sustentável para o planeta.

Práticas de Ioga Inspiradas nos Chacras

Cada um dos capítulos sobre os chacras neste livro possui sua própria prática de ioga. As práticas de ioga inspiradas nos sete chacras são concebidas para sintetizar a essência do chacra e estimular sua criatividade. Incorporados nas práticas de ioga estão o elemento, a cor e o mantra que são associados ao chacra. Cada prática de ioga dos chacras também possui sua própria afirmação. A seguir, são descritas algumas das preocupações primárias que influenciam a concepção de cada prática de ioga inspirada nos chacras:

Chacra raiz: fundamentação e construção de fundações sólidas.

Chacra sacral: fluidez, fazer sua energia fluir.

Chacra do plexo solar: força e poder.

Chacra cardíaco: abrir o coração, criar um ambiente afetuoso para manter e curar as emoções.

Chacra da comunicação: expressão, encontrar sua voz.

Chacra do terceiro olho: desenvolver intuição e visão clara.

Chacra coronário: abrir-se à possibilidade de êxtase e iluminação.

Para lhe dar um exemplo de como uma prática de ioga inspirada nos chacras é elaborada, vamos observar o chacra raiz. O elemento associado ao chacra raiz é a terra, portanto, escolhemos posturas de ioga que são fundamentadoras, como a Postura da Montanha (*Tadasana*), a Postura da Árvore (*Vrksasana*); e posturas em pé, como a Postura do Guerreiro (*Virabhadrasana*), a Postura da Cadeira (*Utkatasana*) e a Flexão para a Frente em Pé (*Uttanasana*). Nós também cultivamos uma consciência do corpo inferior, que é associado a esse chacra, percebendo uma conexão com a terra por meio dos pés ou de qualquer parte do corpo que esteja em contato com o chão. Podemos incorporar o mantra semente do chacra, *Lam*, em sequências de ioga dinâmicas. Ou, durante a prática, você pode visualizar uma flor vermelha. Na prática de ioga inspirada no chacra raiz neste livro, usamos estas duas afirmações: "A terra me apoia" e "A terra me nutre". Quando passamos para o segundo chacra, o elemento dele é a água, portanto, podemos escolher, por exemplo, sequências de ioga mais fluidas e fluentes.

Até mesmo se você for relativamente novo na ioga achará as práticas descritas neste livro acessíveis e fáceis de serem seguidas. Todas as práticas são breves o suficiente para serem adequadas a um dia atarefado. Se você for um iogue experiente, tente realizar as práticas contidas neste livro e, então, utilize-as como um ponto de partida para criar suas próprias práticas de ioga inspiradas nos chacras.

Capítulo 2

O Poder Criativo dos Chacras

Na literatura hindu, a história que foi tecida em torno dos chacras é épica, envolvendo um deus e uma deusa, além de uma busca dos amantes de se reunirem. A deusa em questão é Shakti; ela é a energia cósmica universal e a fonte de toda a criação. O deus é Shiva; ele é a consciência pura. Ele somente fica inteiro e completo quando ela, Shakti, lhe traz vida. Shiva sem sua Shakti é comparado a um corpo sem vida. Shakti se manifesta dentro de cada ser humano como uma serpente enrolada na base da espinha dorsal, chamada Kundalini. Quando desperta, a Kundalini é o potencial criativo explosivo, nossa centelha de genialidade, que está contida dentro de cada um de nós. Dizem que ela é mais forte do que um milhão de sóis, e permanece latente, adormecida, até ser desperta pelo forte desejo se reunir em êxtase com seu amante, Shiva, que reside no chacra coronário.

Shakti é a energia criativa cósmica que dá vida à matéria e energiza o universo. Portanto, quando você se sentir bloqueado criativamente, evoque o poder de Shakti para inspirar e fortalecer sua jornada criativa. Acredita-se que Shakti se manifeste como Kundalini em uma mão e como força vital (*prana*) na outra. A Kundalini é o potencial fundamental por trás de toda a criatividade. Quando a Kundalini está desperta, ela percorre a espinha dorsal, penetrando cada um dos chacras em sua jornada para se reunir com seu amante, Shiva, que reside no lótus de mil pétalas no chacra coronário. Quando trabalhamos com os chacras, estamos aprendendo a nos alinhar com a energia primordial de Shakti, que é o princípio criativo, feminino e dinâmico da existência. Assim, ao trabalhar com o poder por trás dos chacras, você está utilizando o poder criativo do universo e turbinando sua criatividade!

Sintonize-se com a Energia Criativa Infinita Utilizando os Chacras

Foi por meio do trabalho com os chacras que percebi pela primeira vez o incrível potencial criativo da ioga, tanto no tapete de ioga quanto fora dele. Os chacras são um verdadeiro acervo valioso de inspiração para nossa criatividade, incluindo cores, mandalas, sons, pedras preciosas, deuses e deusas, planetas, entre outros. Minha própria prática de ioga em casa e meu ensinamento realmente se desenvolveram e se tornaram muito mais criativos quando comecei a integrar os chacras à minha prática. Estou certa de que esse florescimento da criatividade surgiu do trabalho com os chacras, e estabeleceu as bases para que eu pudesse desenvolver minhas abordagens de ioga sazonais e inspiradas no zodíaco e, subsequentemente, escrever e publicar *Yoga Through the Year* e *Yoga by the Stars*.

De muitas formas, uma pessoa criativa tem um avanço quando começa a trabalhar com os chacras, precisamente porque ela fica acostumada a trabalhar com o que não pode ser visto e imaginar isso em existência. No processo de criação, a pessoa criativa trabalha tanto com as forças visíveis quanto com as forças invisíveis. A obra-prima do artista começa com um germe de uma ideia, uma semente que é plantada em sua mente, a qual apenas ele consegue ver e é invisível para os outros. O processo pelo qual a semente de uma ideia germina, gera brotos verdes e, por fim, floresce é misterioso. Imaginação, visão criativa e energia ilimitada são requeridas para observar uma ideia ao longo da fruição. Nós podemos usar nossa prática de ioga, especificamente trabalhando com os chacras, para aprimorar nossa visão criativa, melhorar nossa imaginação e nos sintonizarmos com a fonte infinita de energia criativa.

Meu amor pelos chacras não foi um caso de amor à primeira vista; em vez disso, foi algo que cresceu e se desenvolveu ao longo de muitos anos. A princípio, meu entendimento sobre os chacras era principalmente intelectual, adquirido por meio da leitura de livros eruditos sobre o assunto, combinado com o que aprendi sobre o conceito de chacras quando estava treinando para ensinar ioga. Assim, apesar de eu ter compreendido o significado dos chacras em um nível intelectual, eles eram, sobretudo, um conceito abstrato para mim, e não uma concepção que eu pudesse associar à minha própria experiência de ioga, no tapete de ioga ou fora dele. No entanto, meu entendimento sobre os chacras mudou gradativamente de uma ideia abstrata e intelectual para uma realidade viva, materializada e criativa.

Então, o que foi que fez com que o sistema de chacras ganhasse vida para mim? Eu adoro ler livros sobre ioga, e acabei me deparando com um livro belamente ilustrado sobre esse assunto. As imagens visuais estimularam a minha imaginação, e comecei a conseguir visualizar a beleza e o potencial criativo do sistema de chacras. Também comecei a introduzir meditações e visualizações dos chacras na minha própria prática de ioga, em casa e igualmente no meu ensinamento. A máxima antiga de que "um grama de prática vale mais que uma tonelada de teoria" provou ser verdadeira nesse caso. Apesar disso, ainda acredito que é de grande valia estudar a teoria por trás do sistema de chacras por meio de livros, vídeos ou com um professor, pois isso proporcionará uma fundação sólida para explorações práticas mais criativas. Muitas vezes, durante a vida, compreendemos as coisas em um nível intelectual, e, então, com o tempo, esse aprendizado se torna integrado nas nossas existências por meio de uma experiência prática vivida.

Eu tive outra descoberta em relação ao meu entendimento sobre os chacras quando estava trabalhando com o capítulo do signo de Gêmeos do meu livro *Yoga by the Stars*. Gêmeos é regido por Mercúrio, o mensageiro alado dos deuses, que carrega um caduceu, uma espécie de varinha mágica entrelaçada por duas serpentes e coberta por um par de asas. O caduceu é um símbolo de cura antigo e, além disso, é um símbolo internacional tanto para a profissão médica quanto para os homeopatas. Barbara Walker escreveu: "O simbolismo hindu equiparou o caduceu ao espírito central do corpo humano, a coluna vertebral, com as duas serpentes místicas entrelaçadas ao seu redor... *ida-nadi* à esquerda, *pingala-nadi* à direita".[7]

O caduceu.

Foi meditando sobre o símbolo do caduceu, quando eu estava elaborando uma prática de ioga de Gêmeos, que meu coração se abriu para a natureza incorporada dos chacras, transportando-me de um entendimento intelectual do sistema de chacras para uma experiência vivida extasiante com eles.

No caso de você não estar familiarizado com a anatomia esotérica proposta pelos iogues antigos, eu a descreverei aqui. Ela foi centrada em torno de três canais primários (*nadis*), que eram condutos da força vital (*prana*), com o canal central (*sushumna*) percorrendo o centro da espinha dorsal, e, em cada lado, o canal da lua fria (*ida-nadi*) e o canal do sol quente (*pingala-nadi*), com a autorrealização sendo alcançada quando a energia da serpente (*Kundalini*) ascendeu do chacra básico, por meio do *sushumna*, ao chacra na coroa da cabeça.[8]

7. WALKER, Barbara G. *The Woman's Encyclopedia of Myths and Secrets*. New York: HarperCollins, 1983. p. 131.

8. FEUERSTEIN, Georg. *Encyclopedic Dictionary of Yoga*. New York: Paragon House, 1990. p. 143, 228, 259 e 354.

Evidentemente, eu estava familiarizada com tudo o que foi descrito antes, mas isso apenas se tornou vivo para mim de uma forma tangível após meditar sobre o caduceu. Foi durante essa meditação emocionante que o símbolo do caduceu se transformou, no olho da minha mente, na Árvore da Vida, e pareceu que minha espinha dorsal se tornou o centro dessa árvore, cercada pelo Sol e pela Lua, um de cada lado. A partir daí, as asas encontradas na ponta da varinha do caduceu se metamorfosearam sem esforço na consciência superior, *samadhi*, que vivenciei como um estado de êxtase ou de autorrealização.

O Simbolismo Poético dos Chacras

O sistema de chacras possui um simbolismo poético ao qual podemos recorrer para inspirar nossa prática de ioga e criatividade. Os chacras traçam um mapa poético e simbólico do nosso sistema solar interior, ajudando-nos a localizar as constelações do nosso próprio sistema de energia sutil. Ninguém consegue definir exatamente o que os chacras são ou onde eles estão localizados, portanto, cada vez que você trabalha com os chacras, torna-se um explorador do espaço interior.

Cada vez que meditamos sobre os chacras e os visualizamos se manifestando dentro do nosso corpo, estamos criando uma interação entre o mundo material visível e o mundo espiritual e da energia sutil invisível. Toda vez que nos sintonizamos com um chacra e o imaginamos como uma luz colorida, uma flor de lótus, um som sagrado ou um arquétipo, estamos equilibrando nossas energias do Sol e da Lua, trazendo o céu para a terra e levando a terra para o céu, portanto, unindo o mundo material visível ao mundo espiritual invisível.

Existem sete chacras principais ao longo da linha média do corpo. Os chacras foram propostos por iogues tântricos como vórtices giratórios de energia psicoespiritual, que faziam parte de uma rede de energia sutil encontrada dentro do corpo humano. Os iogues conceberam os chacras como rodas que conectavam o mundo espiritual e material, e proporcionavam uma interação entre os reinos do céu e da terra. Os iogues tântricos intuíram a localização dos chacras no corpo e, por meio do poder de sua imaginação, criaram um mapa anatômico do sistema de energia sutil do corpo e revelaram sua relação tanto com a esfera espiritual quanto com a esfera material. Essa descrição anatômica do sistema de energia sutil é simbólica e poética, e serve para ajudar os iogues a galgarem os degraus para a iluminação, elevando a consciência e promovendo uma transformação que conduz a um estado de êxtase incomparável (*ananda*).

Esse modelo poético dos chacras, oposto a um modelo literal, oferece-nos a liberdade de intuir onde os chacras estão no corpo e permite que nossa imaginação corra solta. Nós descobrimos que, na quietude silenciosa da meditação, uma porta se abre, levando ao subconsciente e à consciência universal. Nesse estado iogue profundamente relaxado e despertado, obtemos acesso aos centros de energia sutil do corpo (chacras), que, por sua vez, são uma entrada para a alma.

Os chacras são rodas ou vórtices de energia que armazenam a força vital universal (*prana*). A grafia verdadeira de chacra é "*cakra*", mas ela não é comumente utilizada. "*Cakra*" ("roda") deriva da raiz verbal "*car*" ("mover"). Existem sete chacras principais localizados ao longo da linha média do corpo, entre a base da coluna vertebral e a coroa da cabeça. Algumas fontes interpretam erroneamente os chacras como plexos nervosos; apesar disso, o testemunho escritural das autoridades iogues tântricas contradiz essa interpretação literal.[9] Os chacras são "centros de energia psicoespiritual que não correspondem precisamente a uma estrutura física tangível".[10] Os chacras são imaginados pelos iogues tântricos como uma ajuda para a meditação. A beleza dessa interpretação significa que cada um de nós pode visualizar e criar um sistema de chacras que é guiado pelos princípios iogues, mas que, por fim, é unicamente nosso, o que é em si um ato profundamente criativo.

O quadro a seguir apresenta a principal preocupação criativa dos chacras.

---

9. FEUERSTEIN, Georg. *Encyclopedic Dictionary of Yoga*, New York: Paragon House, 1990. p. 72-73.

10. BUDILOVKSY, Joan; ADAMSON, Eve. *The Complete Idiot's Guide to Yoga*. Indianapolis, IN: Alpha Books 2001. p. 231.

Preocupações criativas dos chacras						
Chacra	**Significado**	**Localização**	**Cor associada**	**Principal preocupação criativa do chacra**	**Mantra *bija***	**Elemento associado**
Chacra raiz (*Muladhara*)	Raiz ou apoio	Base da espinha dorsal	Vermelho	Desenvolver uma base estável para criar.	*Lam*	Terra
Chacra sacral (*Svadhisthana*)	O próprio lar de alguém, suavidade	Abdômen inferior	Laranja	Seguir o fluxo e refluxo da criatividade. Buscar e dar prazer por meio do seu trabalho.	*Vam*	Água
Chacra do plexo solar (*Manipura*)	Joia brilhante	Abdômen superior	Amarelo	Ativar sua criatividade com confiança e poder.	*Ram*	Fogo
Chacra cardíaco (*Anahata*)	Roda do som não percutido	No coração	Rosa ou verde	Criar com amor e compaixão por si mesmo e pelos outros.	*Yam*	Ar
Chacra da comunicação (*Vishuddha*)	Roda pura	A garganta	Azul	Dar voz às suas criações e comunicar a sua visão.	*Ham*	Éter
Chacra do terceiro olho (*Ajna*)	Roda do comando	Entre as sobrancelhas	Anil	Ver intuitivamente com o olho interior e desenvolver a imaginação.	*Am* ou *Om*	Luz
Chacra coronário (*Sahasrara*)	Roda de mil raios	O espaço logo acima da coroa da cabeça	Violeta, dourado ou branco	Criar a partir de um estado de êxtase puro. Basear-se em uma fonte de inspiração infinita.	*Om*	Consciência

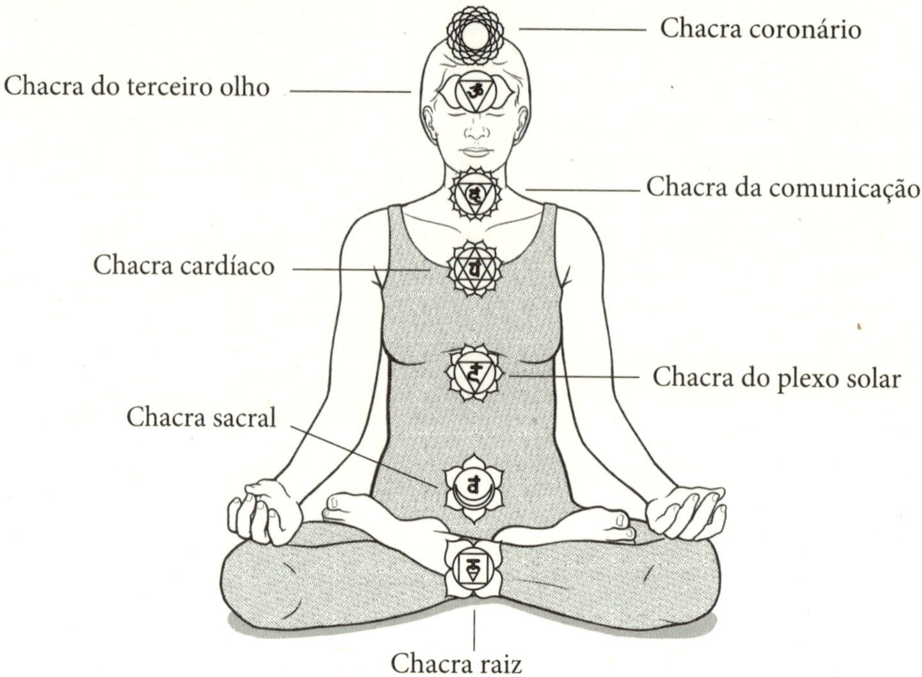

Figura dos chacras na posição sentada.

Desenvolvendo a Consciência dos Chacras

Imagine que você nunca tenha comido chocolate antes. Eu poderia tentar descrevê-lo em palavras, mas a melhor forma de você provar um chocolate é saboreando-o. De modo semelhante, a melhor forma de você compreender os chacras é por meio da experiência direta, e as três meditações a seguir lhe proporcionarão uma amostra de como localizar os chacras no seu corpo.

EXERCÍCIO

Meditação da Consciência dos Chacras

Esta meditação forma uma base para todas as outras meditações dos chacras neste livro. Esta é uma prática fundamental, que permitirá que você localize dentro do seu corpo o campo psicoenergético de cada um dos sete chacras. Essa é uma forma simples e proveitosa de se conectar e se sintonizar com os sete chacras principais. É importante se familiarizar com esta meditação antes de iniciar o trabalho com as outras meditações dos chacras, pois todas as meditações dos chacras seguintes começam com este simples passo de se sintonizar com cada um dos sete chacras, o que você aprenderá a fazer nesta meditação.

A Meditação da Consciência dos Chacras funciona bem como uma prática independente, pode ser utilizada no início ou no fim da sessão de ioga, e também pode ser usada para iniciar ou concluir qualquer prática de ioga contida neste livro. A meditação é fundamentadora e centralizadora. Ela tem um efeito purificador sobre os chacras, alterando a energia bloqueada e estagnada, liberando os canais de energia sutil bloqueados e ajudando a energia a fluir livremente.

Eu gostaria de incentivá-lo a abordar esta meditação com curiosidade e deixar de lado a noção de que existe uma forma correta de praticá-la. Os iogues antigos desenvolveram o modelo dos chacras como uma ajuda para a meditação. É importante se lembrar, quando você está praticando esta meditação, de que os chacras são uma representação poética e simbólica das rodas de energia, em vez de localizações físicas exatas que possam ser identificadas dentro do corpo. Permita que sua sabedoria interior e intuição o guiem até o local exato de cada chacra dentro do seu corpo. Após algum tempo, você conseguirá facilmente analisar em mais detalhes cada chacra e localizá-los todas as vezes em que meditar sobre eles.

Reserve 10 minutos.

Nesta meditação, conduzimos nossa consciência a partir do chacra raiz, na base da espinha dorsal, por toda a extensão da espinha dorsal, até o chacra coronário, na parte de cima da cabeça. Em seguida, conduzimos nossa consciência para a parte do corpo onde cada chacra está localizado e a sentimos neles.

Para começar, encontre uma posição confortável: pode ser tanto uma posição sentada e reta quanto deitada no chão, na Postura de Relaxamento (*Savasana*). Independentemente da posição escolhida, leve um minuto para se fundamentar. Esteja ciente de onde o seu corpo está em contato com o chão ou com o seu apoio. Relaxe no apoio da terra embaixo de você.

Nesta meditação, você vai direcionar o foco da sua consciência ao longo da linha média do corpo, sintonizando-se com os sete chacras, um de cada vez. Conforme você se sintoniza com a localização física associada ao chacra, esteja ciente de quaisquer sensações físicas, pensamentos, sentimentos ou imagens visuais que surgirem.

1. Conduza sua consciência para o chacra raiz. Esse chacra está associado ao corpo inferior. Esteja ciente da pelve, das pernas e dos pés. Agora, sintonize-se com a base da espinha dorsal, o ânus, o assoalho pélvico e os órgãos sexuais, percebendo quaisquer sensações que estiverem presentes neles. O chacra raiz é seu alicerce, enraizando-o e oferecendo-lhe apoio. Intuitivamente, sinta e localize o centro desse círculo giratório de energia psicoespiritual e, ao fazer isso, esteja ciente de quaisquer sensações físicas, pensamentos, sentimentos ou imagens visuais que surgirem.

2. Agora, conduza sua consciência para o chacra sacral. Esteja ciente do abdômen inferior, do sacro e das partes do seu corpo que você associa à fertilidade e ao prazer sexual. Intuitivamente, sinta o centro do círculo do chacra sacral, estando ciente de quaisquer sensações físicas, pensamentos, sentimentos ou imagens visuais que surgirem.

3. Conduza sua consciência para o chacra do plexo solar, que é seu centro de poder pessoal. Sintonize-se com o abdômen superior, principalmente a área entre o umbigo e a base do esterno, ao longo da linha média do corpo. Intuitivamente, sinta o centro do círculo de energia, que é seu chacra do plexo solar, estando ciente de quaisquer sensações físicas, pensamentos, sentimentos ou imagens visuais que surgirem.

4. Conduza sua consciência para o chacra cardíaco, que é o centro do seu coração bondoso e misericordioso. Sintonize-se com a área ao redor do coração, os pulmões, a caixa torácica e as vértebras torácicas. Intuitivamente, sinta o centro do círculo do seu chacra cardíaco, estando ciente de quaisquer sensações físicas, pensamentos, sentimentos ou imagens visuais que surgirem.

5. Conduza sua consciência para o chacra da comunicação, que é o centro da sua expressão criativa no mundo. Sinta a área ao redor do seu pescoço, a garganta, a boca e ambos os ouvidos. Intuitivamente, sinta o centro do círculo, que é seu chacra da comunicação, e esteja ciente de quaisquer sensações físicas, pensamentos, sentimentos ou imagens visuais que surgirem.

6. Conduza sua consciência para o chacra do terceiro olho, que é o centro da lucidez, da clarividência, da intuição e da imaginação. Sintonize-se com a área entre as sobrancelhas, os olhos e atrás dos olhos. Intuitivamente, sinta o centro do círculo de energia, que é seu chacra do terceiro olho, e esteja ciente de quaisquer sensações físicas, pensamentos, sentimentos ou imagens visuais que surgirem.

7. Conduza sua consciência para o chacra coronário, que é o centro para a autorrealização e a transcendência. Sintonize-se com o espaço logo acima da coroa da cabeça. Intuitivamente, sinta o centro do círculo de energia, que é seu chacra coronário, estando ciente de quaisquer sensações físicas, pensamentos, sentimentos ou imagens visuais que surgirem.

Depois, repita esses passos na ordem inversa, do passo 7 ao passo 1. Observe como você está se sentindo após ter concluído a meditação. Fundamente-se, percebendo as sensações associadas ao local onde seu corpo está em contato com o chão ou o seu apoio.

Você pode concluir a meditação com a Visualização do Lótus para Fechamento dos Chacras, apresentada a seguir.

EXERCÍCIO

Visualização do Lótus para Fechamento dos Chacras

Todas as meditações dos chacras contidas neste livro podem ser concluídas com a Visualização do Lótus para Fechamento dos Chacras. Imaginar os chacras se fechando, como fazemos nesta visualização, garante que não estejamos muito abertos após trabalharmos com os chacras e que tenhamos a proteção psíquica necessária pronta para funcionar bem na nossa vida cotidiana.

Se você estiver deitado, sente-se. Una suas mãos na Posição de Oração (*Namaste*) no centro do coração. Depois, a partir da Posição de Oração, posicione suas mãos e seus dedos no formato de uma flor de lótus totalmente aberta (*Padma Mudra*). Em seguida, curve os dedos levemente, para que as mãos se pareçam com uma flor se fechando como um botão. Enquanto fizer isso, visualize todos os seus sete chacras também se fechando como um botão. Repita por três vezes, inspirando, conforme suas mãos se abrem como uma flor; e expirando, conforme elas se fecham como um botão.

EXERCÍCIO

Visualização da Luz Colorida dos Chacras

Nesta visualização, concentramos nossa consciência em um chacra de cada vez e visualizamos uma luz colorida em cada chacra. Nós imaginamos a luz sendo da cor que é tradicionalmente associada a cada chacra. Segue uma recapitulação das cores relacionadas aos chacras:

Chacra raiz: vermelho.

Chacra sacral: laranja.

Chacra do plexo solar: amarelo.

Chacra cardíaco: rosa ou verde.

Chacra da comunicação: azul.

Chacra do terceiro olho: anil.

Chacra coronário: violeta, dourado ou branco.

Esta visualização o ajudará a desenvolver sua habilidade de visualizar e sentir os chacras. Ela é revigorante, suavemente energizante, estimula o fluxo livre da energia sutil (*prana*) e produz uma sensação de bem-estar.

A Visualização da Luz Colorida dos Chacras pode ser utilizada como uma prática independente ou ser usada no final de uma sessão de ioga; também pode ser utilizada para concluir qualquer uma das práticas de ioga contidas neste livro.

Para começar, encontre uma posição confortável: pode ser tanto uma posição sentada e reta quanto deitada no chão na Postura de Relaxamento (*Savasana*). Independentemente da posição escolhida, leve um minuto para se fundamentar. Esteja ciente de onde seu corpo está em contato com o chão ou com o seu apoio. Relaxe no apoio da terra embaixo de você.

Nesta meditação, você vai conduzir sua consciência ao longo da linha média do corpo, sintonizando-se com os sete chacras, um de cada vez, e visualizando uma luz colorida radiante em cada chacra. Conforme você se sintonizar com cada chacra, esteja ciente de quaisquer sensações físicas, pensamentos, sentimentos ou imagens visuais que surgirem.

Dizem que os chacras estão localizados dentro do canal de energia sutil denominado *sushumna*, que percorre o centro da coluna vertebral. Assim, antes de você começar, leve um instante para conduzir sua consciência por toda a extensão do *sushumna*, a partir da base da espinha dorsal até o centro dela, indo para a coroa da cabeça e, então, da coroa da cabeça de volta para o centro da espinha dorsal e até a base dela.

1. Conduza sua consciência para o chacra raiz, sintonizando-se com a área ao redor da base da espinha dorsal, o ânus, o assoalho pélvico e os órgãos sexuais. Conforme se sintoniza com essa área, visualize simultaneamente uma luz vermelha brilhante onde você percebe que

a localização do chacra raiz está situada, estando ciente de quaisquer sensações físicas, pensamentos, sentimentos ou imagens visuais que surgirem ao realizar isso.

2. Agora, conduza sua consciência para o chacra sacral ao longo da linha média, no abdômen inferior, e visualize uma luz laranja nessa área, estando ciente de quaisquer sensações físicas, pensamentos, sentimentos ou imagens visuais que surgirem.

3. Conduza sua consciência para o chacra do plexo solar, sintonizando-se com a área da espinha dorsal entre o umbigo e a base do esterno, visualizando uma luz amarela brilhado nessa área, estando ciente de quaisquer sensações físicas, pensamentos, sentimentos ou imagens visuais que surgirem.

4. Conduza sua consciência para o chacra cardíaco e visualize uma luz verde ou rosa brilhando nessa área, estando ciente de quaisquer sensações físicas, pensamentos, sentimentos ou imagens visuais que surgirem.

5. Conduza sua consciência para o chacra da comunicação, sentindo-a na área ao redor do pescoço, da garganta, da boca e de ambos os ouvidos, visualizando uma luz azul nessa área, estando ciente de quaisquer sensações físicas, pensamentos, sentimentos ou imagens visuais que surgirem.

6. Conduza sua consciência para o chacra do terceiro olho, sintonizando-se com a área entre as sobrancelhas, visualizando uma luz anil nessa região, estando ciente de quaisquer sensações físicas, pensamentos, sentimentos ou imagens visuais que surgirem.

7. Conduza sua consciência para o chacra coronário, sintonizando-se com o espaço logo acima da coroa da cabeça, visualizando uma luz violeta, branca ou dourada nessa área, estando ciente de quaisquer sensações físicas, pensamentos, sentimentos ou imagens visuais que surgirem.

Em seguida, imagine que raios dourados da luz do Sol estão brilhando de cima e sendo irradiados ao redor de todo o seu corpo. Depois, repita os passos descritos anteriormente, na ordem inversa, do passo 7 ao passo 1. Observe como você está se sentindo após ter concluído a meditação. Fundamente-se, percebendo as sensações associadas ao local onde o seu corpo está em contato com o chão ou com o seu apoio.

Você pode concluir a meditação com a Visualização do Lótus para Fechamento dos Chacras (ver página 50).

Os Chacras e os Sons Sagrados

Pode ser recompensador trabalhar com os mantras sementes (*bija*) associados a cada chacra. Eles são muito simples... E você nem precisa ter uma voz melodiosa para entoá-los! Integrei os mantras sementes em diversas meditações e práticas de ioga inspiradas nos chacras contidas neste livro. Eles combinam bem com movimentos de ioga simples e oferecem um foco meditativo para a prática.

Segue uma recapitulação dos mantras sementes e de seus chacras relacionados:

Chacra raiz: *Lam* (pronunciado como *lum*).

Chacra sacral: *Vam* (pronunciado como *vum*).

Chacra do plexo solar: *Ram* (pronunciado como *rum*).

Chacra cardíaco: *Yam* (pronunciado como *yum*).

Chacra da comunicação: *Ham* (pronunciado como *hum*).

Chacra do terceiro olho: *Am* (pronunciado como *um*).

Chacra coronário: *Om* (pronunciado como *a-u-m*).

Para ter uma ideia de como trabalhar com eles, tente realizar a Meditação dos Mantras Sementes dos Chacras, apresentada a seguir.

EXERCÍCIO

Meditação dos Mantras Sementes dos Chacras

Esta meditação oferece uma forma simples e proveitosa de se conectar com os sete chacras principais. Ela funciona bem no final de uma sessão de ioga, e pode ser utilizada para concluir qualquer uma das práticas de ioga dos chacras contidas neste livro. A meditação ajuda a alterar a energia bloqueada e estagnada, liberando os canais de energia sutil bloqueados e possibilitando que a energia flua mais livremente.

Reserve 10 minutos.

Nesta meditação, conduzimos nossa consciência a partir do chacra raiz, na base da espinha dorsal, até o chacra coronário, na parte de cima da cabeça. Em seguida, conduzimos nossa consciência para a parte do corpo onde cada chacra está localizado e a sentimos nela, e, depois, repetimos por três vezes o mantra *bija* associado a cada chacra.

Se estivermos meditando deitados, usamos os mantras sementes em silêncio. Isso é extremamente relaxante, além de ser suavemente energizante. Se estivermos meditando sentados, os mantras sementes podem ser entoados ou repetidos em silêncio internamente ou pode ser feita uma combinação de ambos. Eu gosto de entoar os mantras do chacra raiz até a coroa da cabeça e, depois, repeti-los silenciosamente no percurso da coroa da cabeça até o chacra raiz, na base da espinha dorsal.

Para começar, encontre uma posição confortável: pode ser tanto uma posição sentada e reta quanto deitada no chão na Postura de Relaxamento (*Savasana*).

1. Conduza sua consciência para a base da espinha dorsal. Sinta essa área e perceba quaisquer sensações que estiverem presentes. Na expiração, repita o mantra *Lam* (pronunciado como *lum*) por três vezes, silenciosamente ou em voz alta.

2. Conduza sua consciência para o abdômen inferior. Sinta essa área e perceba quaisquer sensações que estiverem presentes. Repita o mantra

Vam (pronunciado como *vum*) por três vezes, silenciosamente ou em voz alta.

3. Conduza sua consciência para o abdômen superior. Sinta essa área e perceba quaisquer sensações que estiverem presentes. Repita o mantra *Ram* (pronunciado como *rum*) por três vezes, silenciosamente ou em voz alta.

4. Conduza sua consciência para o centro do coração. Sinta essa área e perceba quaisquer sensações que estiverem presentes. Repita o mantra *Yam* (pronunciado como *yum*) por três vezes, silenciosamente ou em voz alta.

5. Conduza sua consciência para a garganta. Sinta essa área e perceba quaisquer sensações que estiverem presentes. Repita o mantra *Ham* (pronunciado como *hum*) por três vezes, silenciosamente ou em voz alta.

6. Conduza sua consciência para a área entre as sobrancelhas. Sinta essa área e perceba quaisquer sensações que estiverem presentes. Repita o mantra *Am* (pronunciado como *um*) por três vezes, silenciosamente ou em voz alta.

7. Conduza sua consciência para o espaço logo acima da coroa da cabeça. Sinta essa área e perceba quaisquer sensações que estiverem presentes. Repita o mantra *Om* (pronunciado como *a-u-m*) por três vezes, silenciosamente ou em voz alta.

Depois, repita esses passos na ordem inversa, do passo 7 ao passo 1. Observe como você está se sentindo após ter concluído a meditação. Fundamente-se, percebendo as sensações associadas ao local onde seu corpo está em contato com o chão ou com o seu apoio.

Você pode concluir a meditação com a Visualização do Lótus para Fechamento dos Chacras (ver página 50).

Os Mantras *Om* e *Ma*: Os Mantras Mães

Todos os dias, finalizo minha própria prática de ioga com diversas repetições do mantra *Om*, seguidas de várias repetições do mantra *Ma*. Os dois mantras são estimulantes e revigorantes, e nos proporcionam uma forma simples e proveitosa de trabalhar com os chacras. Os mantras são um modo excelente de acalmar a mente e elevar o espírito. Eles podem ser entoados ou repetidos de maneira silenciosa.

O mantra *Om* é profundamente feminino e é referido nos *Upanishads* como "a sílaba suprema, a mãe de todos os sons". Seu significado é algo como "ventre gestante", e o mantra é imbuído de tanto poder criativo que foi proferido pela Grande Deusa como um feitiço para trazer o mundo à existência.[11]

Nas línguas indo-europeias, *Ma* é universalmente conhecido como a palavra básica para "mãe". *Ma* foi muitas vezes definido no Extremo Oriente como a "centelha da vida" ou inteligência.[12] A repetição do mantra *Ma* produz uma sensação de estar protegido, ser apoiado, ser sustentado e estar conectado com o cordão umbilical da vida.

PRÁTICA

Mantra *Om*

A repetição do mantra *Om* nos conduz a uma jornada do chacra inferior ao chacra superior. As vibrações do mantra são de cura e alteram a energia bloqueada. O mantra é energizante e revigorante, a respiração é aprofundada, e a concentração e o foco são aprimorados. Os músculos ao redor do rosto, do pescoço e da garganta são exercitados. O mantra oferece um estímulo ao nosso processo criativo, conforme nos tornamos acostumados a nos expressar enquanto mantemos um estado de espírito meditativo.

11. WALKER, Barbara G.. *The Woman's Dictionary of Symbols and Sacred Objects*. New York: HarperCollins, 1988. p. 99.
12. WALKER, Barbara G. *The Woman's Encyclopedia of Myths and Secrets*, New York: HarperCollins, 1983. p. 560.

Reserve 10 minutos.

Encontre uma posição sentada, reta e confortável. Se você nunca praticou este mantra antes, comece pelo passo 1. No entanto, se já estiver familiarizado com este mantra, vá diretamente para o passo 2.

1. O mantra *Om* é composto de três sons, a-u-m (*ah-ooh-mm*). A fim de se familiarizar com os sons, comece entoando cada um deles separadamente.

   Inspire. Ao expirar, entoe o som *ah*, descendo sua consciência para a bacia pélvica e sentindo a vibração do som nessa área. Ao completar o som, faça uma pequena pausa em silêncio e, então, relaxe enquanto a respiração preenche os seus pulmões. Repita por três vezes.

   Em seguida, inspire. Ao expirar, entoe o som *ooh*, conduzindo sua consciência para a cavidade torácica e sentindo a vibração do som nessa área. Ao completar o som, faça uma pequena pausa em silêncio e, então, relaxe enquanto a respiração preenche seus pulmões. Repita por três vezes.

   Logo após, inspire. Ao expirar, entoe o som *mm*, prolongando o som e sentindo a vibração dele no crânio. Ao completar o som, faça uma pequena pausa em silêncio e, então, relaxe enquanto a respiração preenche seus pulmões. Repita por três vezes.

   Agora, você está pronto para seguir para o passo 2 e juntar esses três sons para entoar o som *Om* (*ah-ooh-mm*).

2. Inspire e, ao expirar, entoe o som *Om* (*ah-ooh-mm*). Ao entoar esse som, sua consciência percorre seu corpo a partir da bacia pélvica, passando pela cavidade torácica e chegando até o crânio. *Ah*, bacia pélvica. *Ooh*, cavidade torácica. *Mm*, crânio. Ao completar o som *Om*, faça uma pequena pausa em silêncio e, então, relaxe enquanto a respiração preenche seus pulmões.

   Repita por três vezes ou mais. Se você estiver finalizando sua prática neste ponto, apenas se sente em silêncio para respirar algumas vezes, percebendo qual efeito esta prática teve sobre você. Ou, após esta prática, realize algumas repetições do mantra *Ma*, conforme apresentado a seguir.

PRÁTICA

Mantra *Ma*

Após as repetições do mantra *Om*, gosto de realizar diversas repetições do mantra *Ma*. Ele é um mantra incrivelmente fundamentador, que guia de maneira sutil sua consciência da cabeça ao corpo inferior. Esta é uma forma estimulante e revigorante de concluir uma sessão de ioga.

Reserve de três a cinco minutos. Encontre uma posição sentada, reta e confortável.

Inspire e, ao expirar, entoe o som *Ma*, dividindo-o em duas sílabas, *mm* e *ah*. No som *mm*, sinta a vibração do som no crânio. Em um som *ah* prolongado, desça sua consciência para a bacia pélvica e sinta a vibração do som nessa área.

Repita por três vezes ou mais. Depois, sente-se em silêncio para respirar algumas vezes, desfrutando do silêncio e percebendo qual efeito esta prática teve sobre você.

Capítulo 3

Caminhada com Atenção Plena para Desbloquear Seu Potencial Criativo

Quando estou escrevendo um livro, ou envolvida em outro esforço criativo, a caminhada é um dos meus maiores aliados. O principal motivo para eu caminhar é porque amo fazer caminhadas. Acho que caminhar é um ato de autobondade, e faz parte do meu processo criativo. Na maioria dos dias, caminho por cerca de cinco quilômetros ao ar livre, mas também intercalo minhas sessões de escrita com períodos de meditação em movimento em um ambiente fechado, e acho que essa é uma ótima maneira de permanecer renovada e manter minhas ideias fluindo enquanto escrevo.

Nesta seção, vou compartilhar com você algumas das formas de usar a caminhada, tanto de maneira formal quanto informal, a fim de estimular seus poderes criativos. Em cada um dos capítulos sobre os chacras, você encontrará uma meditação em movimento inspirada nos chacras:

Chacra raiz: consciência dos pés e contato com a terra ao caminhar. Caminhar como se seus pés estivessem beijando a terra.

Chacra sacral: caminhar com consciência da respiração e buscar o que você considera prazeroso.

Chacra do plexo solar: meditação em movimento movida pela energia solar, com visualização do Sol, a fim de criar confiança e promover uma atitude radiante.

Chacra cardíaco: meditação em movimento misericordiosa, transmitindo amor e compaixão a si mesmo e aos outros enquanto caminha.

Chacra da comunicação: meditação em movimento com atenção plena dos sons.

Chacra do terceiro olho: caminhada lenta com atenção plena, apreciando a beleza ao seu redor e observando-a com novos olhos.

Chacra coronário: meditação em movimento extasiante, aperfeiçoando sua capacidade de encontrar alegria em um milhão de pequenas experiências do cotidiano.

Caminhar como um Superpoder Criativo!

Como escritora, passo muitas horas todos os dias na frente de uma tela. Equilibro o estresse mental e físico que isso causa intercalando períodos de escrita com outros de meditação em movimento. Isso tem o benefício adicional de me manter em forma e saudável enquanto trabalho em um livro, além de também aprimorar minha escrita, pois, após um tempo de meditação em movimento, retorno para a minha mesa de trabalho revigorada e repleta de ideias.

Caminhar pode estimular sua criatividade e ser um aspecto importante do cuidado pessoal durante o processo criativo. Há séculos, escritores, artistas plásticos, músicos, matemáticos e cientistas souberam de maneira instintiva o que a pesquisa científica atualmente confirma: caminhar ajuda na resolução de problemas e gera soluções criativas. Em seu livro *In Praise of Walking*, o professor Shane O'Mara escreve: "Se desejamos incentivar as formas mais livres de cognição criativa, precisamos fazer as pessoas se levantarem de suas mesas de trabalho, tirá-las de suas telas e fazer com que elas se movimentem". Nós podemos, como ele diz, criar "um estado mais criativo... estando em movimento".[13]

O filósofo Friedrich Nietzsche disse: "Apenas pensamentos *obtidos ao caminhar são valiosos*".[14] Quando caminhamos, a terra nos apoia e o céu nos inspira. Muitos escritores consideram que têm suas melhores ideias quando estão fora caminhando e escrevem melhor após um período de caminhada. Caminhar estimula o poder do nosso cérebro, porque aumenta o fluxo de sangue nele, o que, por sua vez, tem benefícios cognitivos. Isso explica por que muitos de nós achamos que conseguimos resolver um problema ou gerar soluções criativas durante uma caminhada.

Para Virginia Woolf, caminhar e escrever eram ações inseparáveis. Ela criou seus livros caminhando. O poeta William Wordsworth escreveu "Lines Written a Few Miles above Tintern Abbey" enquanto caminhava. Desde a Antiguidade, reconhece-se que uma boa caminhada é uma ótima maneira de ponderar sobre os problemas. "A escola de filosofia peripatética na Grécia Antiga era famosa por conduzir seu ensino majoritariamente a pé, e a raiz de seu nome significa 'andar para cima e para baixo'", compartilha O'Mara.[15]

Desde uma tenra idade, aprendi que caminhar era uma forma incrível de aliviar o estresse. Durante a infância e a adolescência, meu falecido pai sofreu de problemas de saúde mental graves, o que significava que seu comportamento era irracional, imprevisível e assustador; consequentemente, sempre me senti mais segura fora de casa do que dentro dela. Caminhar ao ar livre se tornou um refúgio para mim. Tive a sorte de, a partir dos meus 8 anos de idade, nós morarmos de frente para um parque com mais de 7 km^2. Durante a minha infância, conheci cada centímetro desse parque de cor. Algumas vezes com amigos, algumas vezes sozinha, eu subia nas árvores, escorregava por lamaçais, colhia jacintos, chutava folhas de outono e ficava encantada quando caía neve. Apesar de eu ser citadina, o parque me possibilitava entrar em contato com a natureza, e era um lugar no qual me sentia segura e em casa.

13. O'MARA, Shane. *In Praise of Walking*. London: Penguin Random House, 2019. p. 157.
14. NIETZSCHE, Friedrich. *Twilight of the Idols and the Antichrist*. Tradução: Thomas Common. Mineola, NY: Dover, 2004. p. 7.
15. O'MARA, Shane. *In Praise of Walking*. London: Penguin Random House, 2019. p. 145.

Atualmente, acho que caminhar desanuvia minha mente, me ajuda a gerar ideias e liberta minha imaginação. Eu caminho para me manter saudável, aliviar o estresse, processar os eventos da vida cotidiana, ponderar sobre temas que estou escrevendo, e ficar ao ar livre e me conectar com a natureza. Caminhar é um estimulante natural para o ânimo. Virginia Woolf escreveu em seus diários sobre como ela conseguia caminhar e ficar calma e serena novamente.[16] Em um artigo para a *Women & Home*, Faye Smith afirma que "quando pesquisadores pediram para pessoas com depressão caminharem por 30 minutos, três vezes por semana, durante 16 semanas, eles descobriram que isso teve efeitos de estímulo no ânimo semelhantes ao de um medicamento antidepressivo".[17] Caminhar é um remédio! Caminhar pode melhorar seu sono e diminuir o risco de você ter diabetes, hipertensão, doença cardíaca, acidentes vasculares cerebrais e obesidade. Caminhar ajuda a saúde do coração e dos pulmões por meio de exercício cardiovascular, "fortalece os músculos primários dos seus membros inferiores e auxilia na manutenção de uma densidade óssea saudável".[18]

Uma grande parte do pensamento criativo refere-se à habilidade de criar algo novo combinando ideias de maneira inovadora e surpreendente. Uma pessoa criativa percebe o mundo de novas formas, descobre padrões ocultos e estabelece conexões entre fenômenos aparentemente não relacionados. Uma das formas de a caminhada estimular a nossa criatividade é enquanto nossos corpos estão envoltos na ação hipnótica e rítmica de colocar um pé na frente do outro, e nossas mentes podem correr soltas. Durante uma caminhada, nossa mente pode voar do passado para o futuro e, como uma borboleta, ela pousará em um tema, talvez a beleza de uma flor; ou perceberá as nuvens cruzando rapidamente o céu azul, e, então, voará para outro tema, como o estado do mundo hoje em dia ou o que vamos comer no jantar.

---

16. HARRIS, Alexandra. "Sussex". *A Walk of One's Own: Virginia Woolf on Foot*, episódio 4, BBC Radio, 1º set. 2015, transmissão de rádio, 13:51. Disponível em: <https://www.bbc.co.uk/sounds/play/b067wnnd>.
17. SMITH, Faye M. "Benefits of Walking: 7 Reasons Why It's Extremely Good for Your Health". *Woman & Home*, 23 out. 2020. Disponível em: <https://www.womanandhome.com/health-and-well-being/health-benefits-of-walking-385528/>.
18. SMITH, Faye M. "Benefits of Walking: 7 Reasons Why It's Extremely Good for Your Health". *Woman & Home*, 23 out. 2020. Disponível em: <https://www.womanandhome.com/health-and-well-being/health-benefits-of-walking-385528/>.

A Abordagem da Atenção Plena para a Caminhada Criativa

A maneira mais simples de usufruir de um incrível potencial criativo e dos benefícios da caminhada para a saúde é dispor de algum tempo todos os dias para sair ao ar livre e caminhar. Quando estou ao ar livre, gosto de caminhar em um ritmo acelerado, mas não tão rápido a ponto de eu não conseguir assimilar o mundo ao meu redor. Especialmente após longos períodos sentada à minha mesa de trabalho escrevendo, é muito bom estar ao ar livre, deleitar-me com a beleza das estações mudando, sentir uma brisa fresca ou a luz do sol quente no meu rosto, para permitir que minha imaginação corra solta enquanto interpreto o sentido no rosto dos desconhecidos que estão passando.

Algumas pessoas gostam de contar seus passos com um pedômetro. Pessoalmente, prefiro abordar a caminhada da mesma forma que abordo uma sessão de ioga: cuidadosamente monitorando e observando as minhas sensações físicas, bem como os pensamentos e os sentimentos que estão passando pela minha mente.

Assim, estabelecemos que a caminhada é uma forma incrível de estimular a criatividade, e que ela também melhora nossa saúde e a sensação de bem-estar. Apesar disso, eu gostaria de incentivá-lo a caminhar pela pura alegria da caminhada, em vez de caminhar para alcançar um resultado específico. Mantenha isso em mente ao ler as descrições a seguir, que indicam as diferentes abordagens utilizadas neste livro para realizar uma caminhada criativa.

As duas meditações em movimento a seguir são fundamentais. Elas lhe proporcionarão uma experiência de utilizar a meditação em movimento para estimular sua criatividade, e o ajudarão a estabelecer um hábito de caminhar inspirador e consciente. É uma boa ideia se familiarizar com essas duas meditações antes de tentar realizar as meditações em movimento inspiradas nos chacras, em cada um dos capítulos sobre os chacras contidos neste livro.

EXERCÍCIO

Meditação em Movimento Formal

Quando estou no meio da escrita de um livro, uso esta meditação em movimento formal diariamente, e, de maneira ocasional, algumas vezes durante o dia. Muitas vezes, realizo uma meditação escrita depois da meditação em movimento. Acho que essa é uma excelente forma de fazer as minhas ideias fluírem, gerar ideias e encontrar soluções criativas para os problemas. Isso também tem o benefício adicional de me manter em forma enquanto estou escrevendo (a tal ponto que eu, de fato, perdi alguns quilos enquanto estava escrevendo este livro!).

Uma meditação em movimento formal envolve caminhar meditativamente em um percurso específico por um período determinado. Seu percurso de caminhada pode ser em um lugar fechado ou ao ar livre, e pode envolver caminhar de um lado para o outro do ambiente ou caminhar em um círculo. Escolha algum local onde você se sinta seguro e não seja interrompido, como em um cômodo na sua casa, um *hall* de entrada, seu jardim, um parque, um cômodo não utilizado na academia que frequenta ou um corredor no seu local trabalho. Tenho a sorte de ter minha casa toda para mim durante o dia. Então, meu percurso de caminhada percorre a extensão da minha cozinha, passando pela minha sala para escrever e ao longo da minha sala de estar. Em seguida, refaço meus passos de volta para a cozinha.

É uma boa ideia programar um temporizador e empenhar-se em caminhar por um período específico. Dez minutos é o ideal, mas você pode praticar por mais tempo, se desejar.

Comece a meditação tornando-se ciente da sensação de caminhar, percebendo o contato entre seus pés e o chão embaixo de você, bem como quaisquer sensações que sinta nos pés. Mantenha uma consciência em segundo plano sobre qual a sensação em todo o seu corpo conforme você caminha. Mantenha uma consciência sutil do fluxo natural da sua respiração. Desfrute do ato de caminhar.

Você pode escolher caminhar com um foco meditativo próprio ou pode caminhar sem um foco específico. Segue uma orientação sobre isso.

Caminhar com um Foco

Se você tiver um dilema criativo específico que está esperando resolver, pode se concentrar nele enquanto caminha. Perceba quaisquer ideias que vierem à sua mente em resposta ao tema escolhido. Sinta-se livre para explorar essas ideias e ver para onde elas o levam. Esteja sutilmente vigilante e, se você perceber sua atenção sendo desviada por preocupações, inquietações e apreensões do cotidiano, conduza-a ao assunto novamente de forma sutil, mas firme. Aproveite para explorar quaisquer ideias que surjam em reposta ao seu tema escolhido.

Caminhar sem um Foco

De modo alternativo, você pode escolher caminhar e simplesmente permitir que sua mente divague de forma livre. Divida sua atenção sutilmente entre uma consciência da sensação de estar caminhando; uma consciência dos seus arredores; e os pensamentos e os sentimentos que passam pela sua mente. Não direcione sua atenção a um foco determinado; apenas permita que sua mente divague para onde ela for. Veja e observe sua mente conforme ela voa de assunto para assunto, talvez analisando um problema, pensando sobre o futuro e revivendo acontecimentos do passado. Se você se deparar sendo levado pelo drama dos seus pensamentos, mude seu foco de novo para uma consciência da sensação de estar caminhando, percebendo o contato que seus pés fazem com a terra a cada passo.

Quando seu temporizador tocar, ao final da sua meditação em movimento, você pode querer anotar quaisquer ideias, inspirações ou percepções que surgirem. Ou, se tiver tempo, faça uma meditação escrita após esta meditação em movimento formal.

EXERCÍCIO

Meditação em Movimento Informal

Uma meditação em movimento informal pode ser feita em um lugar fechado ou ao ar livre, em qualquer momento que você tenha para caminhar em algum lugar. Ela pode ser realizada na sua casa ou no seu escritório, ou quando estiver caminhando do seu carro para a sua casa ou para o seu local de trabalho. Pode ser feita na cidade, no campo, em um parque ou em um *shopping center*. Lembre-se de se manter seguro e estar ciente de quaisquer riscos enquanto caminha.

Você começa a meditação desacelerando ligeiramente sua caminhada, mas não tão lentamente a ponto de direcionar sua atenção para si mesmo. Perceba a sensação de estar caminhando, sobretudo o contato entre seus pés e a terra embaixo de você. Mantenha uma consciência sutil da sua respiração natural enquanto caminha. Desfrute sensorialmente dos seus arredores, percebendo as paisagens, os sons e os aromas.

Você pode escolher caminhar com um foco meditativo específico ou pode caminhar sem um foco específico. Para ter uma orientação sobre isso, veja as instruções para a Meditação em Movimento Formal.

No final da sua caminhada, você pode querer anotar quaisquer inspirações, ideias ou percepções que surgiram durante sua meditação. Ou, se tiver tempo, faça uma meditação escrita após esta meditação em movimento informal.

***

Nos capítulos sobre os chacras, você encontrará uma meditação em movimento inspirada em cada um dos chacras. Além disso, confira a lista de fontes recomendadas no final do livro para algumas sugestões de obras excelentes sobre meditação em movimento.

Capítulo 4

Escreva Seu Caminho para a Felicidade e a Cura

Na primavera de 2020, passei muito tempo caminhando, escrevendo e chorando. Na primeira parte do ano, meus pais faleceram em um intervalo de algumas semanas um do outro. Eu vivenciei uma forte onda de dor e, como sobrevivente de abuso na infância, meu processo de luto foi complicado e confuso. Posteriormente neste capítulo, descreverei como a meditação em movimento e a meditação escrita me auxiliaram a lidar com o trauma e a superá-lo. Quero compartilhar os métodos que usei para ajudar a me recuperar do trauma, porque sei, por minha própria experiência, que reprimir memórias traumáticas cria um bloqueio na nossa expressão criativa. Por outro lado, quando lidamos com o trauma, nossa criatividade fica livre para crescer e se desenvolver.

Apesar disso, não é necessário ter sofrido um trauma para se beneficiar do tipo de meditação escrita que compartilharei com você neste capítulo. Escrever em um diário é uma forma de terapia de escrita e desfruta de um enorme ressurgimento de popularidade recentemente. Isso não é uma surpresa, pois a escrita terapêutica é uma excelente maneira de estimular sua criatividade e intensificar seu bem-estar, independentemente de você ser um pintor, um músico, um escultor ou um cientista. E, se estiver sofrendo de um algum tipo de bloqueio criativo, formas de escrita expressivas podem remover o bloqueio e ajudá-lo a gerar novas ideias.

Estudos mostram que a escrita terapêutica reduz o estresse, estimula o ânimo, reduz sintomas de depressão e ajuda a lidar com a ansiedade, segundo Courtney Ackerman, da PositivePsychology.com. Pesquisas sugerem que a terapia de escrita pode fortalecer o sistema imunológico, diminuir a pressão arterial, melhorar o sono e geralmente promover uma boa saúde. Ela também ajuda sua criatividade a "prosperar e expandir", e o motivo para isso é que "escrever em um diário requer aplicar o lado esquerdo do cérebro, analítico e racional; enquanto seu hemisfério esquerdo está ocupado, seu hemisfério direito (o lado criativo e sensível) fica livre para divagar e se divertir".[19]

Quando estou trabalhando em um livro, se fico travada em um capítulo, considero que a melhor maneira de remover o bloqueio e gerar novas ideias é usar uma combinação de meditação em movimento e meditação escrita. Da mesma forma, se estou enfrentando um desafio na minha vida e não tenho certeza de qual direção tomar, considero que a meditação em movimento e a meditação escrita me ajudam a gerar soluções criativas, estimular minhas habilidades para resolver problemas e seguir em frente com a minha vida.

Você pode utilizar todas as meditações escritas deste capítulo de modo independente; apesar disso, acho que são mais eficazes se você realizar uma meditação em movimento antes delas (retorne ao capítulo 3 para ver todos os incríveis benefícios da caminhada sobre a criatividade). Minha própria receita para fazer a essência criativa fluir é realizar dez minutos de meditação em movimento, seguida por 15 minutos de meditação escrita.

A seguir, descreverei duas formas de meditação escrita. Na primeira, a Meditação Escrita de Fluxo Livre, você não tem um foco específico, enquanto na segunda, a Meditação Escrita com Foco, você tem um foco determinado. Ambas as meditações podem ser realizadas como práticas independentes, ser feitas depois de uma meditação em movimento ou sentada, ou ser realizadas antes ou depois da sua prática de ioga. As duas meditações escritas são maneiras eficazes de fazer suas ideias

19. ACKERMAN, Courtney. "83 Benefits of Journaling for Depression, Anxiety, and Stress". *PositivePsychology.com*, 2 maio 2021. Disponível em: <https://positivepsychology.com/benefits-of-journaling/>.

fluírem e permitem que você obtenha acesso à sabedoria da sua mente subconsciente. Se sua criatividade estiver bloqueada, as meditações vão ativar sua imaginação. Se você se deparou com um impasse na sua vida, elas o ajudarão a se reorientar e avançar novamente. Você também descobrirá sugestões de meditações escritas inspiradas nos chacras em cada um dos capítulos sobre os chacras contidos neste livro.

Sua escrita meditativa será mais frutífera se você conseguir cultivar as seguintes qualidades e habilidades, e levar essas atitudes para o processo de meditação:

- Curiosidade.
- Paciência.
- Autoaceitação.
- Autocompaixão.
- Senso de humor.
- Capacidade de escutar.
- Mente aberta.

Pessoalmente, gosto do ato físico de escrever com caneta e papel. No entanto, pode-se trabalhar digitalmente também. De qualquer forma, tenha seus materiais de escrita em mãos.

EXERCÍCIO

Meditação Escrita de Fluxo Livre

Esta forma de meditação escrita é algumas vezes conhecida como escrita automática ou escrita do fluxo de consciência. Ela tem um efeito catártico, purifica a mente e abre o caminho para novas ideias surgirem.

O objetivo desta meditação não é realizar uma escrita refinada, mas, em vez disso, simplesmente observar e registrar pensamentos e sentimentos conforme eles surgirem. A escrita não precisa ser inteligente, sábia, engenhosa ou até mesmo interessante. Tudo o que você precisa fazer é escutar, observar e estar presente ao que quer que surja na sua mente durante o período de meditação reservado, e sua tarefa é apenas registrar isso no papel.

Esteja certo de que aquilo que escrever durante a meditação será visto apenas por você. Não é necessário prestar atenção à caligrafia, ao capricho, à grafia, à gramática, à apresentação, e assim por diante. Desde que sua escrita esteja legível e compreensível para você, tudo é válido.

Encontre uma posição confortável. Antes de começar a escrever, conduza sua consciência para seu corpo e perceba quaisquer sensações físicas que estiverem surgindo. Esteja ciente de onde seu corpo está, em contato com o chão ou com a cadeira. Agora, conduza sua consciência para o fluxo natural da sua respiração. Durante a meditação, mantenha uma consciência em segundo plano sobre seu corpo e a sua respiração.

Depois, programe seu temporizador para 10 a 20 minutos... E... Comece a escrever. Mantenha sua caneta em contato com o papel o tempo todo e continue escrevendo até seu temporizador tocar.

Escreva aquilo que vier à sua mente. Seu objetivo é capturar a corrente de pensamentos e sentimentos conforme eles fluem pela sua mente. Deixe de lado seu editor interior! Não importa quão não convencionais seus pensamentos sejam – registre-os apenas! Posteriormente, após sua meditação ter terminado, você poderá ler o que foi escrito, e ver se existe alguma pepita de ouro em meio às pedras e ao cascalho. Porém, por enquanto, somente mantenha a caneta se movendo!

Esteja ciente do ato físico de escrever e da sensação de ser alguém que está sentado escrevendo neste momento. Relaxe as partes do seu corpo que não precisam estar envolvidas no ato de escrever. Caso sinta que esteja ficando tenso, desacelere sua escrita, relaxe conscientemente e reconecte-se com o fluxo da sua respiração. Ao mesmo tempo, continue escrevendo! Uma atitude tranquila o ajudará a acessar sua mente subconsciente, e é assim que descobrimos nosso ouro.

No entanto, não é um problema se você considerar que é impossível relaxar – apenas continue escrevendo de qualquer forma. Parte da sua meditação pode ser escrever e, ao mesmo tempo, manter uma consciência sutil de como é estar tenso, percebendo as sensações conforme elas surgem no seu corpo. Se não conseguir deixar isso de lado, então só deixe estar.

Quando seu temporizador tocar, abaixe a caneta. Perceba a sensação do seu corpo, como você está se sentindo em si mesmo e o fluxo natural da sua respiração. Esteja ciente de onde seu corpo está, em contato com o chão ou com sua cadeira. Quando estiver pronto, prossiga com o seu dia.

EXERCÍCIO

Meditação Escrita com Foco

Normalmente, pratico dez minutos de Meditação em Movimento Formal (ver página 64) antes de praticar a Meditação Escrita com Foco. Acho que a caminhada de fato liberta minha mente e faz minha essência criativa fluir. No entanto, tudo bem realizar esta meditação escrita como uma prática independente também.

Enquanto na meditação anterior você permitiu que sua mente corresse solta, nesta meditação escolhe um assunto no qual se concentrar e continua a conduzir sua mente de volta para esse foco quando ela inevitavelmente divagar. Então, por exemplo, se eu estivesse criando uma prática de ioga para o chacra raiz, deveria escolher realizar uma meditação escrita me concentrando no tema da terra, que é o elemento do chacra raiz. Na meditação, deixaria minha mente divagar para onde ela quisesse, desde que isso estivesse vagamente relacionado ao tema da terra. Se minha mente tivesse divagado para planejar o que eu almoçaria ou notasse que o chão precisasse ser varrido, então, eu a conduziria cuidadosamente de volta ao tópico da terra. Essa é uma técnica meditativa chamada de "perceber e retornar". Você percebe que sua mente divagou e, de modo cauteloso, a retorna para o ponto de foco escolhido.

A Meditação Escrita com Foco é um treinamento excepcionalmente bom para desenvolver a concentração e o foco de que você necessita para concluir qualquer projeto criativo. Além disso, tenho certeza de que ficará deslumbrado com o incrível poder da mente subconsciente de pensar em associações inesperadas e originais relacionadas ao tema no qual você estiver se concentrando. Frequentemente, enquanto estou praticando esta meditação, considero que tenho momentos de iluminação, quando uma ideia surpreendente e brilhante surge na minha mente, como se ela tivesse aparecido do nada!

Assim como na meditação anterior, tenha certeza de que aquilo que escrever durante esta meditação será visto apenas por você. Não é necessário prestar atenção à caligrafia, ao capricho, à grafia, à gramática, à apresentação, e assim por diante. Desde que sua escrita esteja legível e compreensível para você, tudo é válido.

Encontre uma posição confortável. Antes de começar a escrever, conduza sua consciência para seu corpo e perceba quaisquer sensações físicas que estiverem surgindo. Esteja ciente de onde seu corpo está, em contato com o chão ou com a cadeira. Agora, conduza sua consciência para o fluxo natural da sua respiração. O truque desta meditação é não tentar demais. É melhor dividir sua atenção, concentrando-se no foco escolhido (mas não muito intensamente!), e manter uma consciência em segundo plano sobre seu corpo e sua respiração enquanto você escreve. Quando sua mente divagar, pratique a compaixão, liberte-se da autocrítica e cuidadosamente retorne sua atenção para o foco escolhido. Perceba e retorne.

Programe seu temporizador para 10 a 20 minutos... E... Comece a escrever. Mantenha sua caneta em contato com o papel e continue escrevendo até seu temporizador tocar.

Escreva aquilo que vier à sua mente. Seu objetivo é capturar a corrente de pensamentos e sentimentos conforme eles fluem pela sua mente. Deixe de lado seu editor interior! Depois, após sua meditação ter terminado, você poderá ler o que foi escrito, preservar os trechos que valem a pena ser mantidos, o seu ouro, e descartar as impurezas. Contudo, por enquanto, apenas mantenha a caneta em movimento e continue registrando esses pensamentos no papel. Se sua mente divagar para longe demais do foco escolhido, perceba isso e, cuidadosamente, conduza-a de volta para o tópico em questão.

Assim como na meditação anterior, esteja ciente do ato físico de escrever e da sensação de ser alguém que está sentado escrevendo neste momento. Relaxe as partes do seu corpo que não precisam estar envolvidas no ato de escrever. Caso você sinta que esteja ficando tenso, desacelere sua escrita, relaxe conscientemente e reconecte-se com o fluxo da sua respiração. Ao mesmo tempo, continue escrevendo! Uma atitude tranquila o ajudará a acessar sua mente subconsciente, e é assim que descobrimos nosso ouro.

Entretanto, não é um problema se você considerar que é impossível relaxar – apenas continue escrevendo de qualquer forma. Parte da sua meditação pode ser escrever e, ao mesmo tempo, manter uma consciência sutil de como é estar tenso, percebendo as sensações conforme elas surgem no seu corpo. Se você não conseguir deixar isso de lado, então só deixe estar.

Quando seu temporizador tocar, abaixe a caneta. Observe a sensação do seu corpo, como você está se sentindo em si mesmo e o fluxo natural da sua respiração. Esteja ciente de onde seu corpo está, em contato com o chão ou com sua cadeira. Quando você estiver pronto, prossiga com seu dia.

Se desejar, pode ler tudo o que foi escrito imediatamente após a meditação. Você pode querer destacar quaisquer frases que lhe pareçam interessantes e válidas. Ou pode preferir ler tudo o que foi escrito depois e peneirar, para ver se consegue descobrir alguma pedra preciosa.

Protegendo Sua Privacidade

Uma jovem amiga me confidenciou que, como ela vive em uma acomodação compartilhada, não se sente segura para colocar seus pensamentos no papel, no caso de alguma de suas colegas de quarto ler o que ela escreveu. Em vez disso, ela prefere escrever digitalmente e manter seus escritos em um arquivo com uma senha de segurança. É compreensível se sentir preocupado com sua privacidade. Você se sentirá mais livre para expressar seus verdadeiros pensamentos e sentimentos se tiver certeza de que estabeleceu um local seguro e privado para guardá-los.

Quando praticamos a meditação escrita, estamos escrevendo para nós mesmos. Na meditação escrita, não se trata de ser legal; trata-se de ser autêntico. Damos um espaço para nós mesmos explorarmos nossa escrita, independentemente de quais ideias loucas nossa mente inventar, pois algumas dessas ideias estranhas podem se revelar pura genialidade. Isso pode parecer perigoso se você estiver incerto em relação a se conseguirá proteger sua privacidade. A fim de se sentir seguro para abrir seu coração no papel, você precisará considerar como protegerá seus escritos de uma atenção indesejada. Tenho certeza de que, como uma pessoa criativa, você encontrará formas de erguer barreiras para proteger seus escritos, até estar pronto para compartilhá-la com os outros.

Nesta manhã, na preparação para escrever este capítulo, realizei um tempo de meditação escrita. Escrevi 12 páginas e, depois, rasguei e transformei em adubo 11 dessas páginas. Eu apenas senti a necessidade de salvar uma delas, pois continha muitas ideias úteis para este capítulo. Todas as páginas foram valiosas, pois me ajudaram a purificar minha mente em relação a todos os detritos que ficam no caminho de uma escrita clara. No entanto, não sou preciosista no que diz respeito à minha produção na meditação escrita. Sou genuinamente mais interessada no processo do que no resultado, portanto não me importo em deixar de lado a maior parte do que foi escrito. Considero que, após um tempo de escrita meditativa, quando me sento diante do computador para escrever, minha escrita se torna mais inovadora, flui com mais facilidade e se torna mais inspirada.

Todavia, pode ser interessante manter uma cópia dos seus escritos, especialmente quando você estiver começando. É instrutivo rever, de vez em quando, o que escreveu, percebendo o que mudou, e como você cresceu e se desenvolveu. Para ter privacidade, você pode manter seus escritos guardados a sete chaves ou salvá-los digitalmente, como minha amiga faz. Algumas vezes, se parte dos escritos que criei durante a meditação escrita realmente se destacar, então, escaneio uma cópia e a salvo em um arquivo de computador. Escrevo em uma folha de fichário avulsa, em vez de em um caderno, assim fica mais fácil destacar uma folha para escanear ou para fazer compostagem. Outra vantagem de armazenar os escritos dessa forma é que eles podem ser facilmente encontrados sem ter de procurar em montanhas de cadernos.

Como Utilizar as Perguntas Meditativas dos Chacras

Cada um dos capítulos sobre os chacras é concluído com uma série de perguntas meditativas relacionadas aos temas de cada chacra. Trabalhar com essas perguntas o ajudará a explorar o tema, obter percepções relevantes para a sua própria vida, além de promover transformação e cura.

As perguntas meditativas são simples de serem utilizadas e podem ser facilmente adaptadas ao seu cotidiano. São uma forma de acessar seu próprio conselheiro pessoal interior e o ajudam a obter acesso à sabedoria do seu subconsciente. Elas constroem sua confiança na habilidade de criar uma mudança positiva na sua vida.

Para lhe dar uma ideia de como utilizar as perguntas meditativas, vamos analisar uma delas. Por exemplo, no capítulo do chacra raiz, vamos desenvolver o tema da construção de uma base estável para apoiar sua criatividade. Uma das perguntas meditativas nesse capítulo é: "Quais atividades considero fundamentadoras e que ajudam a criar estabilidade na minha vida?". Você pode trabalhar com essa pergunta das seguintes formas:

- Na hora de dormir, faça a pergunta e, então, durante a noite, permita que sua mente subconsciente trabalhe para pensar em algumas respostas para ela.
- Faça a pergunta enquanto estiver fora caminhando ou durante uma meditação em movimento. Repense na pergunta sutilmente; você não precisa procurar as respostas.
- Use a pergunta como seu foco durante uma meditação sentada. Se sua mente divagar, conduza-a cuidadosamente de volta para a pergunta e a resposta da sua mente a ela.
- Use a pergunta como seu foco para uma meditação escrita. Programe seu temporizador para 5 a 20 minutos e, simplesmente, escreva aquilo que surgir na sua mente em resposta à pergunta. Você não precisa se preocupar quanto à grafia, à gramática, à

caligrafia, e assim por diante. Apenas mantenha a caneta no papel e continue escrevendo.

- Faça a pergunta no começo ou no fim da sua sessão de ioga, durante um período de relaxamento. Ou repita-a silenciosamente enquanto você estiver mantendo uma postura de ioga e relaxando nela.

Independentemente da forma pela qual você escolher utilizar as perguntas meditativas, esteja preparado para a mágica do arco-íris dos chacras iluminar sua vida!

Além disso, lembre-se de verificar as sugestões de escritas inspiradas nos chacras em cada um dos capítulos sobre os chacras.

Escrevendo para Curar um Trauma

Escrever em um diário, ou realizar uma escrita expressiva, pode ser especialmente terapêutico para quem tiver um histórico de trauma. Uma pesquisa mostrou que escrever pode ajudar a processar eventos traumáticos e "reduzir os sintomas graves que podem acompanhar o trauma", consequentemente, ajudando a pessoa que sofreu um trauma a redescobrir os aspectos positivos da vida, escreve a cientista e pesquisadora Courtney Ackerman em um artigo na internet. "Escrever serve para melhorar nossa saúde mental ao nos orientar para confrontar emoções anteriormente inibidas (reduzindo o estresse da inibição), ajudando-nos a processar eventos difíceis e compor uma narrativa coerente sobre nossas experiências, possivelmente até mesmo por meio da exposição repetida a emoções negativas associadas a memórias traumáticas."[20]

Minha própria experiência pessoal de me recuperar de um trauma me ensinou que, quando experiências traumáticas são reprimidas, elas bloqueiam o fluxo livre de energia e minam nossa criatividade. Por ou-

20. ACKERMAN, Courtney Ackerman. "83 Benefits of Journaling for Depression, Anxiety, and Stress". *PositivePsychology.com*, 2 maio 2021. Disponível em: <https://positivepsychology.com/benefits-of-journaling/>.

tro lado, minha própria jornada me mostrou que é possível usar uma abordagem criativa para traçar um caminho de recuperação que, por fim, o conduzirá a uma sensação de plenitude e cura novamente.

Conforme mencionei no início deste capítulo, em 2020, meus pais faleceram em um intervalo de algumas semanas um do outro. Vivenciei uma forte onda de dor, e, como sobrevivente de abuso na infância, o meu processo de luto foi complicado e confuso. Algumas vezes me sentia sobrecarregada, e, em tempos normais, eu teria procurado ajuda profissional de um terapeuta formado. No entanto, esses não foram tempos normais. Era uma pandemia, e, no Reino Unido, tínhamos acabado de entrar no primeiro de muitos *lockdowns*. Por causa da pandemia, a terapia presencial não estava disponível, e eu não queria fazer terapia pela internet ou pelo telefone, pois o que tinha para discutir era muito sensível. Na época, tive uma forte sensação de que, se eu fosse capaz de seguir em frente com minha vida, esse era o momento certo para lidar com as ondas de sentimentos perturbadores que estavam surgindo, então, decidi elaborar meu próprio programa para processar e curar o trauma.

Estou compartilhando minha história sobre como lidei com o trauma aqui porque acho que ela pode ser útil para aqueles que estiverem em situações semelhantes. Contudo, se você estiver se recuperando de um trauma, recomendo que possa ser mais seguro e menos devastador para você, a princípio, procurar ajuda profissional para auxiliá-lo em sua jornada de cura, em vez de tentar enfrentar isso sozinho, com métodos de autoajuda.

Os dois livros que me ajudaram mais e agiram como apoio durante esse período foram: *Your Turn for Care: Surviving the Aging and Death of the Adults Who Harmed You*, de Laura S. Brown, PhD; e *Overcoming Childhood Trauma: A Self-Help Guide Using Cognitive Behavioural Techniques*, de Helen Kennerley. Em muitos sentidos, o *lockdown* foi o período perfeito para praticar esse tipo de trabalho terapêutico autodirecionado, pois eu não estava dando aulas, então, estava livre para dedicar duas semanas ao processo de cura de me recuperar do trauma. Ao longo dessas duas semanas, trabalhei sistematicamente com os exercícios de terapia cognitivo-comportamental (TCC) de *Overcoming*

Childhood Trauma. Os exercícios de TCC envolveram sistematicamente revisitar e visualizar, nos mínimos detalhes, os eventos traumáticos da minha infância.

Complementei os exercícios de TCC com meditação em movimento, com meditação escrita e com a meditação com atenção plena Trabalhando com Sentimentos Difíceis, o que aumentou e multiplicou os benefícios da TCC e ajudou a me recuperar, de forma mais rápida, dos efeitos de reviver o trauma. Os métodos que utilizei estão listados a seguir:

Ioga: descobri que a prática física de ioga era uma excelente maneira de liberar a memória do trauma, que ficou guardada por anos em meus músculos como tensão. Enquanto eu estava realizando as duas semanas de TCC autodirecionada, que envolvia reviver na minha mente o trauma que sofri quando era criança, senti muita tensão física incômoda, incluindo dores de cabeça tensionais. A prática de ioga foi um incrível antídoto para essa tensão, e permitiu me desprender e me libertar tanto das emoções difíceis quanto da tensão física residual.

Meditação em Movimento: assim como muitas pessoas que sofreram abuso durante a infância, tendo a me dissociar quando me lembro do que aconteceu comigo. A TCC que usei envolvia uma técnica de recordar as experiências traumáticas com o máximo de detalhes sensoriais possível. A lógica por trás disso é que a exposição repetida aos sentimentos trazidos à tona ao pensar sobre o evento reduz a intensidade do seu impacto. Descobri que a melhor forma de reviver eventos traumáticos da minha infância, bem como evitar me desligar deles, era recordar e visualizar os eventos enquanto eu estava realizando uma meditação em movimento; desse modo, estava me fundamentando enquanto caminhava e me recordava.

Meditação Escrita: utilizei principalmente a Meditação Escrita com Foco (ver página 71) para processar a terapia que eu estava fazendo. Normalmente, realizava uma meditação em movimento antes de fazer a meditação escrita, conforme descrito anteriormente. Ontem, na preparação para escrever esta seção do livro, reli o que escrevi no ano passado, durante esse período de terapia autodirecionada para tratar do trauma. Reler me lembrou de todas as lições úteis que aprendi ao realizar a escrita e a terapia. Isso também me lembrou das habilidades de enfrentamento que descobri por meio do processo de fazer terapia, as quais continuarão a ser úteis para mim enquanto continuo minha recuperação. Escrever é uma atividade muito poderosa para alguém que já sofreu abuso, porque, apesar de o abuso ter sido cometido contra você e você não ter tido controle sobre isso, escrever, por outro lado, o fortalece para criar sua própria narrativa, permitindo-lhe sair de uma espiral negativa descendente, e emergir renovado e com esperança.

Meditação para Envolver uma Dificuldade com Amor: utilizei esta meditação com atenção plena todas as vezes em que estava sobrecarregada por sentimentos difíceis. Esta é uma meditação muito simples, na qual você traz à mente algo que o está incomodando, percebe como isso se manifesta no seu corpo como rigidez ou tensão e envolve a área correspondente com amor. Utilizei a versão em áudio desta meditação[21] Acredito que, quando você está meditando a respeito de sentimentos difíceis, é bom ser orientado pela meditação, pois assim tem a sensação de estar recebendo apoio.

Atenção Plena do Corpo e da Respiração: considero que esta meditação com atenção plena popular é excelente para trazê-lo de volta para seu corpo após trabalhar com questões traumáticas. Utilizo uma versão em áudio, lida por Mark Williams, e a sua voz tranquilizadora sempre faz eu me sentir reconfortada, segura e cuidada.[22]

Meditação de Verificação de Quatro Minutos: esta a minha versão da meditação com atenção plena popular Espaço para Respirar em

21. ROEMER, Lizabeth; ORSILLO, Susan M. "Inviting a Difficulty in and Working It Through the Body". *Mindful Way Through Anxiety*, 2014. Disponível em: <https://mindfulwaythroughanxiety.com/exercises/>.
22. WILLIAMS, Mark; PENMAN, Danny. "Mindfulness Meditation of Body and Breath". *Mindfulness: Finding Peace in a Frantic World*, 2022. Disponível em: <http://franticworld.com/free-meditations-from-mindfulness/>.

Três Minutos.[23] É bom praticá-la com regularidade, pois, então, as habilidades se tornam disponíveis quando você precisa utilizá-las para primeiros socorros emocionais de emergência. Esta meditação é simples, curta e extremamente eficaz. No passo 1 desta meditação, você se sintoniza com os seus pensamentos, sentimentos e sensações físicas; no passo 2, você se centraliza; e, por fim, no passo 3, amplia sua consciência novamente. Essa é uma forma perfeita de se fundamentar e se alinhar quando você é desviado do caminho pelos eventos.

Trabalho com os Chacras: minha experiência me ensinou que uma consciência sobre os chacras é muito útil no processo de se recuperar de um trauma, especialmente ao trabalhar com os primeiros quatro chacras, pois eles o ajudam a construir fundações sólidas; encontrar apoio; estabelecer barreiras; desenvolver relações saudáveis; reconectar-se com o que lhe dá prazer; conectar-se com seu coração bondoso; e abrir-se para a possibilidade do perdão.

Estou compartilhando a história sobre minha recuperação de um trauma com você porque considero que ela seja um forte testemunho do poder de cura da ioga, da meditação em movimento, da meditação escrita e da atenção plena. Se seu trauma foi curado a ponto de você se sentir seguro e capaz de trabalhar sem um terapeuta, então, pode desejar explorar os métodos sugeridos aqui e usar os poderes da criatividade para elaborar seu próprio programa de autoajuda. No entanto, certifique-se de tratar a si mesmo com bondade e compaixão, reconhecendo se ainda não estiver pronto para enfrentar essa jornada de cura sozinho.

Apesar de o processo de cura pelo qual passei recentemente ter sido doloroso, em nenhum ponto senti que fui longe demais ou que estava sobrecarregada, sobretudo porque já possuo experiência de muitos anos na prática de ioga e estou acostumada a utilizar a meditação com atenção plena para trabalhar com emoções difíceis. Além disso, no passado, fiz terapia sobre minha infância, então, eu já tinha processado

23. WILLIAMS, Mark; PENMAN, Danny. "Three-Minute Breathing Space". *Mindfulness: Finding Peace in a Frantic World*, 2022. Disponível em: <http://franticworld.com/free-meditations-from-mindfulness/>.

alguns dos eventos do passado em um ambiente de apoio. Também tenho uma grande sorte por ter um marido excepcionalmente carinhoso e compreensivo, que sabe e entende o que enfrentei quando era criança. A sua situação pode ser bem diferente, portanto, por favor, não sinta que você precisa passar por isso sozinho.

Minhas duas semanas de terapia autodirecionada para recuperação do trauma foram intensas. Na época, meu marido estava fora do trabalho e em casa por causa da pandemia. Avisei-o, em parte brincando, que, se ele me visse caminhando e chorando, não se preocupasse, pois eu estava bem! Isso era verdade: apesar de eu ter chorado muito nesse período, eram lágrimas de cura, e sempre me senti capaz de enfrentá-las. Em alguns momentos, era difícil recordar os eventos dolorosos, mas sempre soube que minha prática estava lá por mim. Os anos de ioga, meditação em movimento, meditação escrita e atenção plena me mantiveram em uma boa posição e estiveram lá por mim quando eu realmente precisava. Além de os abraços do meu adorável marido, Simon, é claro!

Na noite em que terminei de fazer a TCC, sonhei que retornei para rua em que morava quando era criança. Na frente da minha casa na infância, tinha um contentor cheio de lixo (o que, ao despertar, interpretei como sendo todos os sentimentos difíceis que eu estava processando e dos quais estava me libertando). Então, no sonho, percebi um espaço entre duas das casas da rua que não estava lá antes, revelando um lindo pedaço de terra no qual flores cresciam e um pomar estava florescendo. No sonho, virei para meu marido e disse: "Bem, há um terreno que está pronto para ser construído". O sonho pareceu responder à pergunta que eu estava me fazendo, que era: "Eu posso criar algo bonito a partir disso?". O sonho pareceu confirmar que sim, seria possível tirar doçura de todos esses ingredientes amargos. Isso revelou para mim que, apesar da natureza traumática da minha infância, por baixo de toda a dor e sofrimento permaneciam intactas uma plenitude e uma beleza selvagem que eu poderia desenvolver.

Uma Palavra para os Futuros Escritores

Independentemente da disciplina criativa na qual você esteja trabalhando, as técnicas de meditação escrita, apresentadas neste capítulo, o ajudarão a acessar sua sabedoria interior, remover bloqueios criativos e gerar ideias. No entanto, geralmente recebo mensagens de leitores dos meus livros que sentem que têm um livro dentro deles e querem saber como proceder para ter seus textos publicados, então, esta seção é para eles.

As ideias que exploramos anteriormente neste capítulo formam um modo proveitoso e eficaz de estabelecer uma rotina de escrita. Usando os métodos de meditação escrita, nunca lhe faltarão ideias. No entanto, se você deseja ver seu texto publicado, então, precisará aperfeiçoar suas habilidades de escrita, a fim de que possa produzir algo que seja fácil de ler e que as pessoas desejem ler.

Trabalhei durante alguns anos no meu primeiro livro, *Yoga Through the Year*, quando me ocorreu que eu não sabia como escrever! Sim, conseguia juntar as palavras no papel, e não me faltavam ideias, mas, a fim de expressá-las de maneira mais eficaz, precisava aprender habilidades de escrita e dominar meu ofício. Foi um momento de humildade, e isso me atrasou consideravelmente quando propus para mim mesma a tarefa de concluir um curso de escrita na Universidade de East Anglia. Valeu a pena, pois, subsequentemente, comecei a ter artigos publicados em revistas de ioga, e, por fim, isso levou ao fato de meu primeiro livro, *Yoga Through the Year*, ser aceito para publicação!

Tudo bem ser experimental em sua escrita, mas você será um melhor comunicador se dedicar um tempo para aprender o seu ofício. Com certeza, isso se aplica a todas as disciplinas criativas. Por exemplo, considere o pintor Picasso. Sua obra é pura genialidade iconoclástica, mas ela só funciona porque ele conhecia as regras do desenho e da pintura, portanto, pôde quebrá-las com confiança.

Aprender seu ofício não precisa ser penoso. Se você ama escrever, pintar, cozinhar ou esculpir, aprender as habilidades do seu ofício pode ser um prazer. O que adoro em relação tanto à ioga quanto à escrita é que sempre existe mais para aprender. Sinto muito prazer quando encontro uma nova forma de combinar posturas de ioga em uma sequência inovadora, maravilhosa e fácil. Igualmente, para escrever bem, você precisa ser um bom leitor, e ler escritos inovadores, surpreendentes e inéditos vai inspirá-lo a ir mais longe em seu próprio trabalho.

Como em um jardim, a prática de escrever nunca termina. Existe sempre mais a aprender, porém, essa é uma incrível jornada, e, ao longo do caminho, você aprenderá muito e encontrará algumas pessoas incríveis. Para ter ideias a respeito de livros e cursos sobre escrita criativa, confira a seção de fontes recomendadas no final deste livro.

PARTE 2

Os Chacras para a Criatividade

Capítulo 5

Chacra Raiz (*Muladhara*)

Construa Fundações Sólidas para Sua Criatividade

O símbolo do chacra raiz.

Este chacra vermelho-vivo oferece uma fundação sólida para a sua criatividade. Quando você trabalha com este chacra, aprende a cuidar das suas necessidades de sobrevivência básicas, o que o deixa livre para desenvolver sua criatividade a partir de uma base sólida e segura. Com a terra lhe dando apoio, você pode estabelecer raízes, e sua criatividade pode crescer e ser sustentada. Este é o local onde sua criatividade encontra um lar.

O Chacra Raiz em Resumo

Nome em sânscrito: *Muladhara* (raiz ou apoio).

Localização física: base da espinha dorsal, assoalho pélvico, pernas e pés.

Elemento: terra.

Cor: vermelho.

Iantra: quadrado.

Mantra semente: *Lam* (pronunciado como *lum*).

Afirmações: "A terra me apoia." "A terra me nutre."

Preocupações criativas principais: desenvolver uma base estável para criar e prestar atenção aos detalhes práticos, o que nos permite levar uma vida plena e criativa.

Equilíbrio: as necessidades humanas básicas são atendidas, criando uma sensação de estabilidade emocional e física. Você se sente conectado aos outros e apoiado por eles. Fundamentado. Confortável em sua própria pele. Sente-se em casa no mundo.

Excesso: preocupação excessiva com o lado material da vida, em detrimento de preocupações mais espirituais. Obcecado por segurança. Inabilidade de assumir riscos ou de tolerar o caos do processo criativo.

Deficiência: negligencia necessidades básicas e é desarraigado. Estilo de vida caótico. Não fundamentado e instável, emocional e fisicamente. Irrealista, pouco prático, vive em sua própria mente; dissociação, sensações de estar fora do corpo.

Questões da vida: garantir que as necessidades humanas básicas de alimentação, abrigo e proteção sejam atendidas. Sexualidade. Encontrar sua tribo. Resolver problemas familiares. Sentir-se confortável em sua própria pele e seguro em seu lugar no mundo.

Práticas de cura: construção de ninhos, jardinagem, culinária, bricolagem, gerenciamento doméstico (pagar as contas em dia, manter a casa em ordem), resolver desentendimentos familiares, perdoar, curar traumas de infância, criar uma árvore genealógica, descobrir sobre seus ancestrais, conectar-se com mentes semelhantes, encontrar sua tribo, estar na natureza, cuidar de animais de estimação, autocuidado, reflexologia, ioga, dança, caminhada, ciclismo, ativismo ambiental, fazer as coisas com as mãos, atividades criativas.

Criar Ordem a Partir do Caos

Sua prática criativa necessita de raízes fortes para crescer e se desenvolver. Neste capítulo, vamos considerar o que precisamos fazer para estabelecer fundações sólidas para a nossa criatividade. Os seres humanos possuem uma necessidade básica de serem criativos e de se expressarem, e, até mesmo em situações inacreditavelmente desafiadoras, a beleza do espírito humano muitas vezes encontra uma forma de se erguer diante das dificuldades e de criar algo belo. No entanto, em geral, somos mais propensos a nos envolver em atividades criativas se as nossas necessidades humanas básicas de abrigo, alimentação, conforto e conexão humana forem atendidas.

A criatividade é uma atividade subversiva; ela vai contra a norma, pois a sociedade favorece atividades mais funcionais e práticas. Quando você começa a viver de maneira mais criativa, pode se deparar com resistência tanto interna quanto externa ao fazer isso. Você pode se perguntar por qual motivo está escrevendo, costurando, pintando ou realizando qualquer outra atividade criativa quando existem tantos trabalhos mais práticos que precisam ser feitos. Ser mulher e artista é mais ainda um ato de subversão, pois as mulheres precisam superar seu condicionamento, que dita que elas devem cuidar das demandas práticas de todos antes de sua própria necessidade de realização.

Para nossa criatividade se desenvolver, existe um equilíbrio que deve ser atingido entre atendermos às necessidades diárias e nos elevarmos acima do cotidiano, a fim de nos expressarmos por qualquer meio criativo que tenhamos escolhido. A criatividade permite criarmos ordem a partir do caos, embora, algumas vezes, para exercermos nossas atividades criativas, devamos fechar os olhos para o caos ao nosso redor. Apesar de a casa estar empoeirada, as louças precisarem ser lavadas e ter uma montanha de roupa lavada que precisa ser dobrada, nós ainda optamos por passar o tempo escrevendo, pintando, esculpindo ou tricotando.

Ser criativo é essencial para conseguir tolerar uma determinada quantidade de caos. A maioria dos projetos criativos começa com uma fase caótica, e é a partir desse caos que o processo criativo produz significado e beleza. Para conseguir dar ao processo criativo o tempo e o cuidado que ele merece, por um momento você deve fechar os olhos para a desordem, a fim de concluir um projeto. No entanto, se negligenciar as tarefas diárias por muito tempo, elas podem muito bem acabar atrapalhando seu processo criativo e tornar impossível o trabalho para você.

Uma forma que descobri para lidar com esse dilema é utilizar minha melhor energia para escrever, então, faço isso principalmente de manhã. Posteriormente, uso minha segunda melhor energia para colocar em dia as tarefas práticas, que, quando realizadas, fazem a vida fluir mais tranquilamente.

No entanto, as tarefas diárias também podem ser aliadas para a criatividade. Eu geralmente intercalo períodos de escrita com a realização de tarefas diárias da casa utilizando atenção plena. Isso me beneficia, porque significa que tenho períodos de atividade, o que evita que meu trabalho seja muito sedentário e faz o meu sangue fluir, beneficiando meu cérebro e o processo de pensamento. Se estou travada, bloqueada ou confusa sobre qual caminho seguir com uma ideia, considero que lavar a louça, arrumar a cama ou aspirar a casa me desbloqueiam, e muitas vezes uma ideia ou a solução perfeita apenas surgem na minha mente, como em um passe de mágica. A natureza rítmica de uma tarefa rotineira é tranquilizadora e permite que as ideias fluam.

O chacra raiz está muito relacionado a manter nossa casa em ordem. Isso também pode incluir prestar atenção aos detalhes práticos, que lhe permitirão realizar seus sonhos criativos e seu potencial, como: encontrar um espaço para trabalhar; ter mais tempo; encontrar uma creche se você tiver filhos; manter-se em forma, saudável e bem nutrido;

ter um grupo de pessoas ao seu redor que o compreende e que apoia sua visão criativa.

Qual é Sua História de Criação?

O chacra raiz é a entrada para os ancestrais, e curamos esse chacra quando nos conectamos com aqueles que vieram antes de nós. Também é importante observar e compreender qual foi seu lugar na sua família de origem. Você teve uma infância feliz? Você foi querido e amado? Qual é sua história de criação e como ela influencia sua habilidade de viver de forma criativa atualmente?

Eu sei, pela minha experiência pessoal, que o chacra raiz nos oferece uma incrível oportunidade de curar o trauma e nos liberta para que possamos seguir de forma criativa com nossa vida. Como alguém que sofreu trauma e abuso na infância, durante grande parte da minha existência fui uma pessoa sem uma história, ou pelo menos tinha uma história, mas não uma que eu me sentia capaz de contar. Quando você é incapaz de contar sua história, é difícil para as pessoas compreenderam de onde você veio. Por exemplo, minha paixão/obsessão por empoderamento e por proteger as mulheres de abusos faz mais sentido ao considerar o controle coercitivo que meu pai exerceu sobre minha mãe. Da mesma forma, considero que era difícil para as pessoas compreenderem minhas dificuldades no passado em relação à ansiedade, e o quanto a ioga me ajudou a descobrir um modo mais tranquilo de viver. No entanto, agora que estou livre para contar minha história, fiz uma escolha consciente de contar apenas parte dela, para proteger minha própria privacidade e a de outros familiares. Trabalhar com os chacras nos ensina a proteger nossos próprios limites e os dos outros.

Tomei uma decisão consciente aos meus 30 e poucos anos de não romper com membros da minha família de origem, apesar de o contato com eles muitas vezes ser intensamente doloroso. Fui influenciada nessa decisão pelo livro *The Dance of Anger*, de Harriet Lerner, no qual ela sugere que, ao romper com familiares, você cria uma relação muito intensa com eles, enquanto, ao manter alguma forma de contato, mesmo que mínimo, você reduz a intensidade da relação.[24] Descobri que você pode aprender muito com todos os membros da sua família, independentemente de se dar bem ou não com eles, se estiver aberto a ouvir suas histórias. Apesar de você não escolher a sua família, se reservar um tempo para ouvir a história que os seus parentes de sangue têm a lhe contar, aprenderá muito sobre si mesmo e de onde veio. E este é o trabalho de cura que precisamos fazer quando trabalhamos com o chacra raiz.

Recomendo fortemente que você converse com seus parentes mais velhos, pois pode aprender muito a respeito da história da sua família dessa forma. Além disso, algumas vezes descobrimos um manto de sofrimento que foi transmitido ao longo das gerações e que está se desenrolando nas relações familiares atuais. O monge budista Thich Nhat Hanh criou algumas belas meditações pelas quais você pode transmitir amor, cura e perdão aos seus pais, aos seus ancestrais e, é claro, a si mesmo.[25]

No entanto, se manter contato com sua família o coloca em um perigo emocional ou físico, existem muitas formas alternativas pelas quais você pode trabalhar com o chacra raiz para promover transformação e cura. Qualquer forma de terapia na qual você compartilha e soluciona problemas e sofrimentos do passado é curadora para esse chacra, e, inversamente, qualquer trabalho que você realizar no chacra raiz dará apoio ao processo de aconselhamento terapêutico. Buscar suporte também é um modo de trabalhar com esse chacra, portanto, procure outras pessoas para obter ajuda.

Se, assim como eu, você enfrentou instabilidade em seus primeiros anos de vida, então, descobrirá que vale a pena voltar a trabalhar com o chacra raiz com regularidade. Muitas pessoas criativas tiveram infâncias problemáticas, e, apesar de eu não desejar uma infância infeliz para ninguém, posso confirmar que há inúmeras práticas de cura que nos ajudam a encontrar a plenitude novamente. Podemos recuperar nossa história e criar algo belo a partir dela.

---

24. LERNER, Harriet. *The Dance of Anger*: A Woman's Guide to Changing the Patterns of Intimate Relationships. London: HarperCollins UK, 2004. p. 196.
25. HANH, Thich Nhat. *Reconciliation*: Healing the Inner Child. Berkeley, CA: Parallax Press, 2010. p. 65-70.

Ioga Inspirada no Chacra Raiz

Para criar, devemos primeiro imaginar o que desejamos criar; isso envolve muito pensamento abstrato, que pode nos levar a nos sentirmos bloqueados em nossa mente e não fundamentados. Trabalhar em um projeto criativo pode se tornar desgastante, e, até mesmo quando você não estiver trabalhando no projeto, pode se deparar ainda pensando sobre ele. Isso pode ser apenas um sinal de que você está completamente comprometido com trabalho, o que é bom. Porém, quando o comprometimento com o seu trabalho vira obsessão, você pode acabar se sentindo distraído e não fundamentado, vivendo na sua própria mente, e se deparar resolvendo problemas nas primeiras horas da manhã, quando deveria estar dormindo. E, então, aqueles ao seu redor sofrem porque você não está completamente presente quando está com eles. Trabalhar com o chacra raiz, *muladhara*, é o antídoto perfeito para essa desorientação, e o trará de volta para seu corpo e para a terra com um pouso suave!

Quando você voltar para seu corpo, suas criações tenderão a se tornar mais incorporadas, em vez de serem apenas grandes ideias bloqueadas na sua cabeça. Além disso, quando você está fundamentado – ou seja, está conectado com a terra embaixo de si e é apoiado por ela – tende a se sentir mais estável física, mental e emocionalmente, o que é uma posição muito melhor para se criar.

O chacra raiz está associado às partes inferiores do corpo, ao assoalho pélvico, às pernas e aos pés, então, quando estamos criando uma prática de ioga inspirada no chacra raiz, nós nos concentramos nessa área. Uma forma de se fundamentar é simplesmente conduzir sua atenção a essas partes do corpo. Se você estiver sentado, torne-se ciente de onde seu corpo entra em contato com o chão, sua cadeira ou seu apoio. Se estiver em pé, então, torne-se ciente de onde os seus pés entram em contato com a terra embaixo de você e são apoiados por ela.

Posturas excelentes para se fundamentar são: a Postura da Montanha (*Tadasana*), todas as versões da Postura do Guerreiro (*Virabhadrasana*), a Postura da Árvore (*Vrksasana*) e a maioria das posturas de ioga em pé. Você também pode trabalhar com sequências de ioga (*vinyasas*), como a Saudação à Lua (*Chandra Namaskar*), a Saudação ao Sol (*Surya Namaskar*) ou a Reverência à Terra (*Bhumi Pranam*).

Quando você trabalhar com esse chacra, também pode incluir elementos como imagens de flores, a cor vermelha, o mantra semente *Lam* e o elemento terra.

Prática de Ioga do Chacra Raiz

A Prática de Ioga do Chacra Raiz é fundamentadora, suavemente energizante, tranquilizadora, estimulante e induz a uma sensação de serenidade. Ela o ajudará a desenvolver seu foco criativo, bem como a se sentir apoiado em seus esforços criativos.

As afirmações que usamos nesta prática são: "A terra me apoia"; e "A terra me nutre". Elas podem ser coordenadas com a respiração:

Inspire: "A terra me apoia".

Expire: "A terra me nutre".

Reserve de 20 a 30 minutos.

No final destas instruções, você encontrará um resumo ilustrado de toda a prática.

1. Exercício da Consciência do Chacra Raiz, Deitado de Costas, com os Joelhos Flexionados e os Pés no Chão

Feche os olhos. Perceba onde o seu corpo está tocando o chão ou seu apoio. Sinta-se relaxando no suporte da terra embaixo de você. Agora, conduza sua consciência para a área entre a base da espinha dorsal e o osso púbico. Perceba como, a cada inspiração e expiração, existe um movimento correspondente nessa área.

Agora, repita silenciosamente a afirmação do chacra raiz, coordenando-a com a respiração. Inspire e afirme: "A terra me apoia". Expire e afirme: "A terra me nutre".

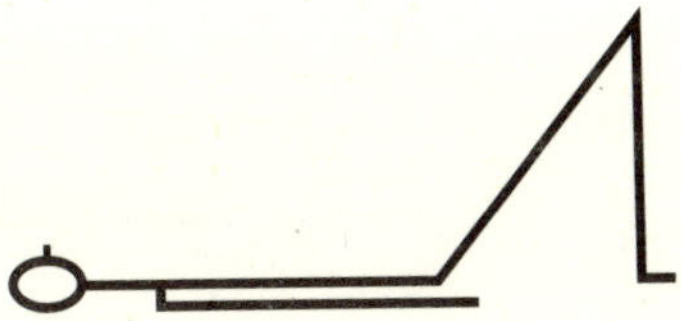

Postura de Relaxamento, deitado de costas, com os joelhos flexionados e os pés no chão.

2. Sequência de Alongamento das Pernas

Leve ambos os joelhos ao seu peito. Inspire e estique suas pernas verticalmente, com os calcanhares para cima, e estique os braços para os lados, logo abaixo da altura dos ombros, com as palmas das mãos viradas para cima. Expire e leve os joelhos novamente ao seu peito e as mãos de novo aos joelhos. Na vez seguinte, inspire, estique as pernas verticalmente e leve seus braços acima da sua cabeça, no chão atrás de você. Em cada inspiração, afirme: "A terra me apoia". Em cada expiração, afirme: "A terra me nutre". Repita a sequência por seis vezes, alternando os movimentos dos braços.

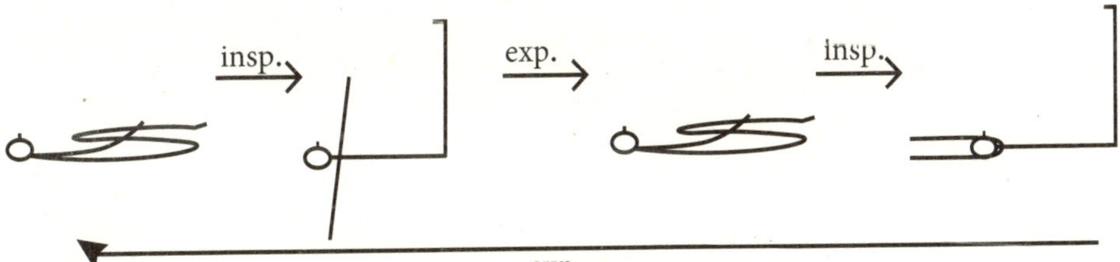

Sequência de Alongamento das Pernas.

3. Postura do Gato (*Marjaryasana*) à Postura da Criança (*Balasana*)

Fique na postura de quatro apoios. Expirando, curve as costas na Postura do Gato (*Marjaryasana*), e abaixe o quadril até os calcanhares e a cabeça até o chão na Postura da Criança (*Balasana*). Inspirando, volte para a postura de quatro apoios. Repita por seis vezes. Em cada expiração, repita silenciosamente o mantra *Lam* (pronunciado como *lum*).

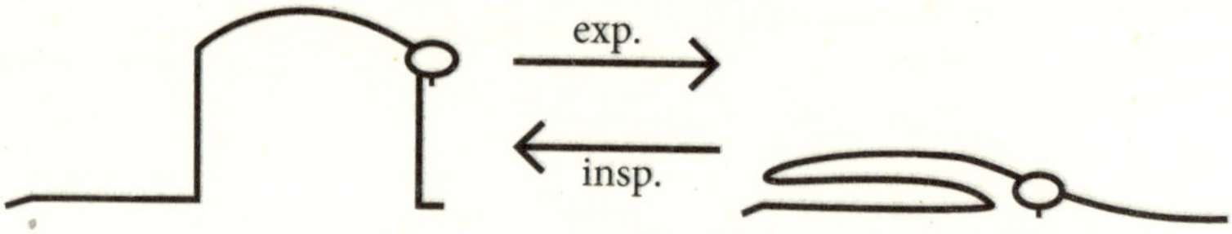

Postura do Gato à Postura da Criança.

4. Postura da Montanha (*Tadasana*)

Fique reto, com os pés paralelos afastados, aproximadamente, na largura do quadril. Esteja ciente do contato entre seus pés e a terra embaixo de você. Imagine um fio preso na coroa da sua cabeça, puxando-o levemente para cima; ao mesmo tempo, permita que seu cóccix abaixe e sinta seus calcanhares se enraizando na terra. Em cada inspiração, afirme: "A terra me apoia". Em cada expiração, afirme: "A terra me nutre".

Postura da Montanha.

5. Aquecimento Flexionado e Esticado, com o Mantra *Lam*

Afaste as pernas cerca de 60 a 90 centímetros e vire os dedos dos pés levemente para fora. Leve os braços para os lados na altura dos ombros, com as palmas das mãos viradas para baixo. Na sua próxima expiração, flexione os joelhos e abaixe os braços, entoado em voz alta o mantra *Lam*. Inspire, retornando para a posição inicial. Repita por oito vezes.

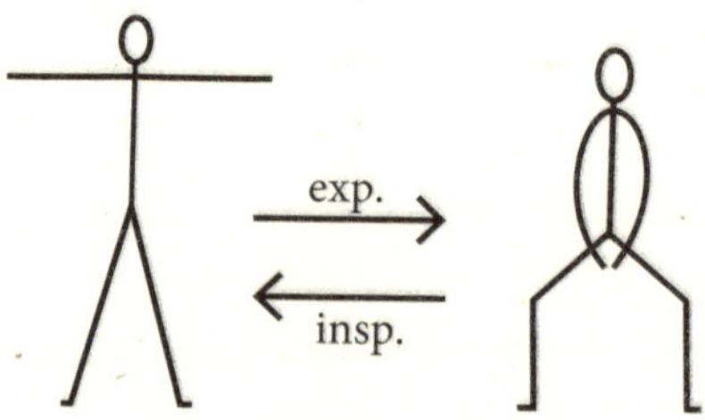

Aquecimento flexionado e esticado.

6. Postura da Árvore (*Vrksasana*)

Fique, com os pés afastados na largura do quadril, com as mãos na Posição de Oração (*Namaste*). Imagine que, como uma árvore, você tem raízes que saem das solas dos seus pés, indo em direção a terra. Depois, apoie a sola do seu pé direito na parte interna da sua coxa esquerda, girando seu joelho direito para o lado de fora. Mantenha as mãos sobre o coração ou leve seus braços para cima da cabeça, com as mãos na Posição de Oração. Fixe o olhar em um ponto que não esteja se movendo. Mantenha essa postura durante algumas respirações. Repita com o outro lado.

Em caso de problemas para se equilibrar, em vez de levar seu pé até a coxa, apenas apoie a sola do pé no lado interno do tornozelo oposto ou fique perto de uma parede para ter apoio.

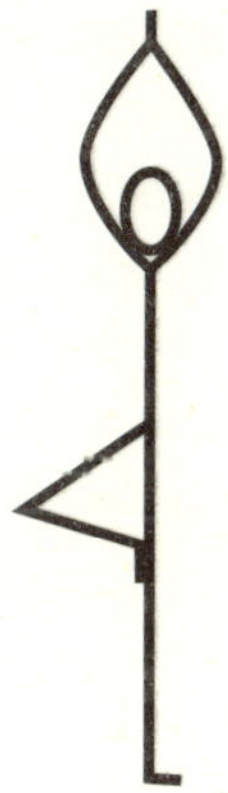

Postura da Árvore.

7. Sequência do Albatroz 1

Fique em pé, com os pés afastados na largura do quadril. Inspirando, levante os braços acima da cabeça. Expirando, curve-se para a frente em um ângulo de cerca de 45°, com as costas levemente arqueadas e os braços esticados para os lados, como as asas de um pássaro (essa é a Postura do Albatroz). Mantenha essa postura durante uma respiração. Inspirando, fique em pé novamente, estendendo os braços acima da cabeça. Expirando, abaixe os braços para os lados de novo. Repita a sequência de quatro a seis vezes.

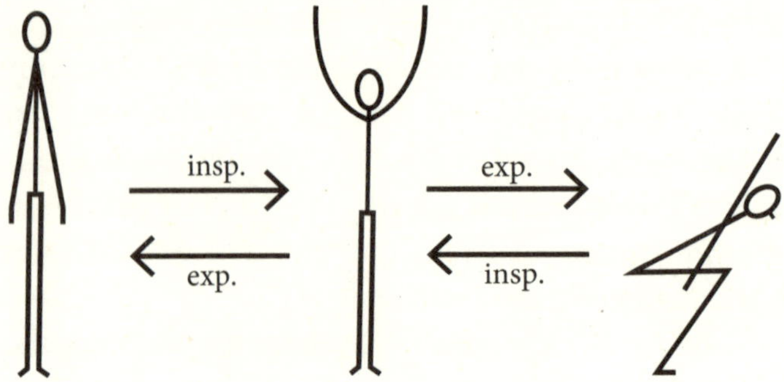

Sequência do Albatroz 1.

8. Sequência *Lam* em Pé

Fique na Postura da Montanha (*Tadasana*) com as mãos na Posição de Oração (*Namaste*). Inspire, levantando os braços. Expire, entoando em voz alta o mantra *Lam* e ficando em uma Flexão para a Frente em Pé (*Uttanasana*). Inspire, levantando os braços acima da cabeça, conforme você fica novamente em pé. Expire, entoando de maneira silenciosa o mantra *Lam*, ficando em um Meio Agachamento (variação de *Utkatasana*), com as coxas paralelas ao chão e as mãos tocando o chão (se possível). Inspire, ficando de novo em pé e levando os braços acima da cabeça. Expire, abaixando os braços e ficando mais uma vez na Postura da Montanha, com as mãos juntas em oração.

Repita a sequência de quatro a seis vezes.

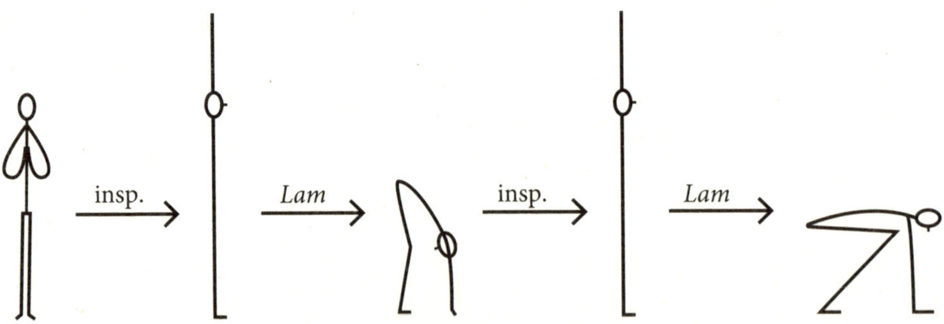

Sequência *Lam* em Pé.

9. Saudação ao Sol no Chão (Variação de *Surya Namaskar*)

Fique ajoelhado e reto, com as mãos na Posição de Oração (*Namaste*). Inspire, levantando ambos os braços acima da sua cabeça. Expire, curvando-se para a frente na Postura da Criança (*Balasana*). Inspire, ficando na postura de quatro apoios e virando os dedos dos pés para baixo; expirando, mude para a Postura do Cachorro Olhando para Baixo (*Adho Mukha Svanasana*).

Depois, refaça a sequência na ordem inversa. Inspire, voltando para a postura de quatro apoios. Expire na Postura da Criança. Inspire, voltando a ficar ajoelhado e reto, com os braços acima da cabeça; expire e abaixe os braços, com as mãos na Posição de Oração.

Repita a sequência de quatro a seis vezes. (Se você preferir, tudo bem ignorar a orientação sobre a respiração que é dada nesta sequência. Faça respirações adicionais se precisar. Nunca force a respiração.)

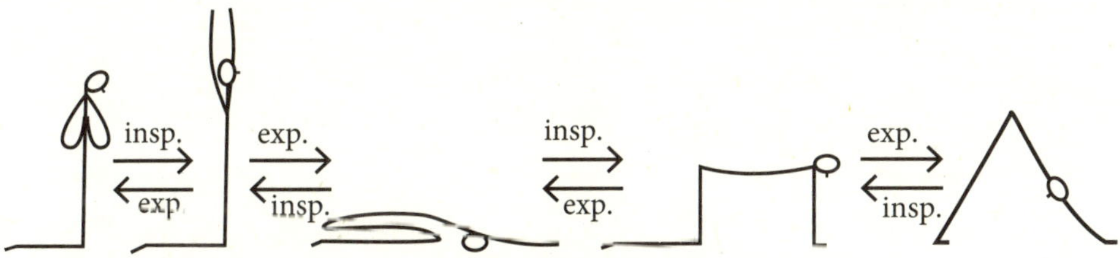

Saudação ao Sol no Chão.

10. Torção Supina (*Jathara Parivrtti*)

Deite-se de costas, com os joelhos flexionados, os pés juntos, os braços esticados para os lados na altura dos ombros e as palmas das mãos viradas para baixo. Leve ambos os joelhos ao seu peito (para uma postura mais fácil, mantenha ambos os pés no chão). Expirando, abaixe ambos os joelhos na direção do chão à esquerda e vire a cabeça levemente para a direita. Inspire e retorne ao centro. Permita que seus movimentos sejam fluidos e leves. Repita por seis vezes de cada lado, alternando os lados.

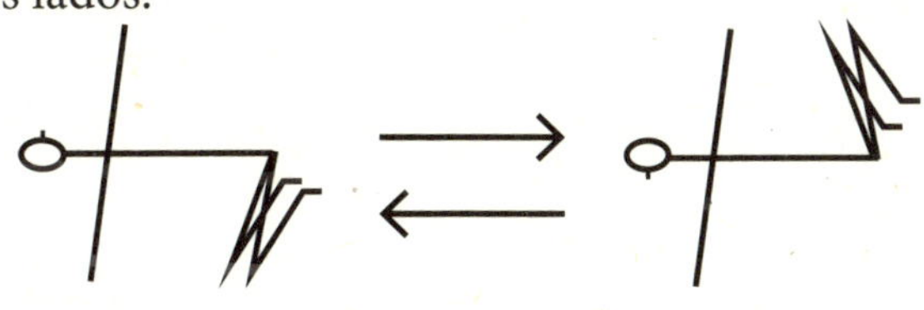

Torção Supina.

11. Sequência de Alongamento das Pernas

Nós encerramos esta prática com a mesma sequência inicial, o que dá à prática uma agradável sensação cíclica.

Leve ambos os joelhos ao seu peito. Inspire e estique as pernas verticalmente, com os calcanhares para cima, e estique os braços para os lados, logo abaixo da altura dos ombros, com as palmas das mãos viradas para cima. Expire, e leve seus joelhos novamente ao seu peito e as mãos mais uma vez aos seus joelhos. Na vez seguinte, inspire, estique as suas pernas verticalmente e leve os braços acima da sua cabeça, no chão atrás de você. Em cada inspiração, afirme: "A terra me apoia". Em cada expiração, afirme: "A terra me nutre". Repita a sequência por seis vezes, alternando os movimentos dos braços.

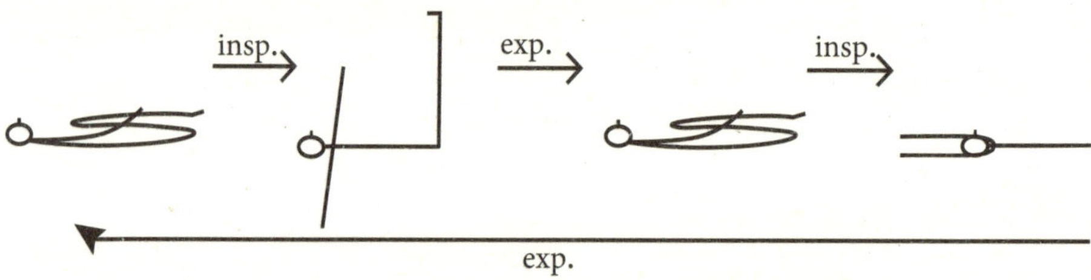

Sequência de Alongamento das Pernas.

12. Relaxamento Curto ou Meditação do Chacra Raiz

Você pode finalizar sua prática com alguns minutos deitado na Postura de Relaxamento (*Savasana*) ou, se tiver tempo, encontre uma posição sentada confortável e realize a Meditação do Chacra Raiz, apresentada após esta prática.

Relaxamento curto ou Meditação do Chacra Raiz.

Resumo da Prática de Ioga do Chacra Raiz

1. Exercício da Consciência do Chacra Raiz.

2. Sequência de Alongamento das Pernas × 6. Inspire: "A terra me apoia". Expire: "A terra me nutre".

3. Postura do Gato à Postura da Criança com o mantra *Lam* em silêncio × 6.

4. Postura da Montanha. Inspire: "A terra me apoia". Expire: "A terra me nutre".

5. Aquecimento flexionado e esticado com o mantra *Lam* × 8.

6. Postura da Árvore.

7. Sequência do Albatroz 1 × 4-6.

8. Sequência *Lam* em Pé × 4-6.

9. Saudação ao Sol no Chão × 4-6.

10. Torção Supina × 6 de cada lado.

11. Sequência de Alongamento das Pernas × 6.

12. Relaxamento curto ou Meditação do Chacra Raiz.

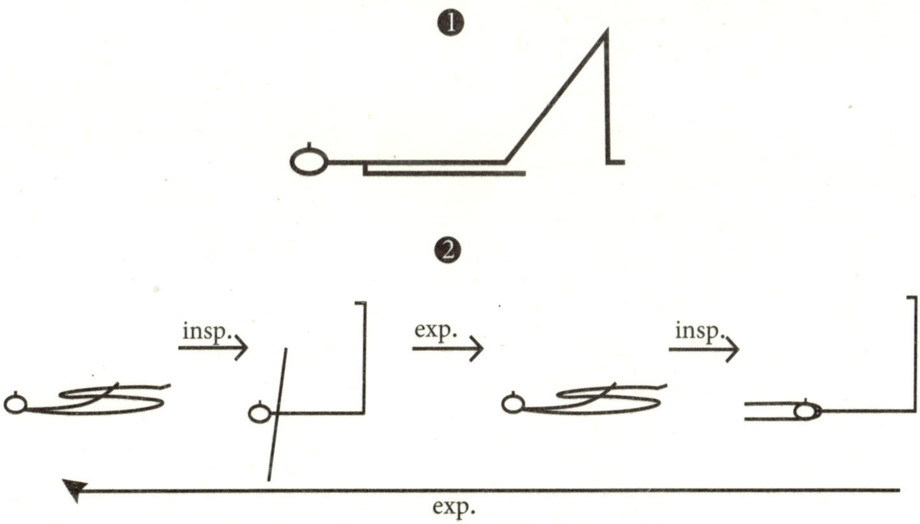

Resumo da Prática de Ioga do Chacra Raiz.

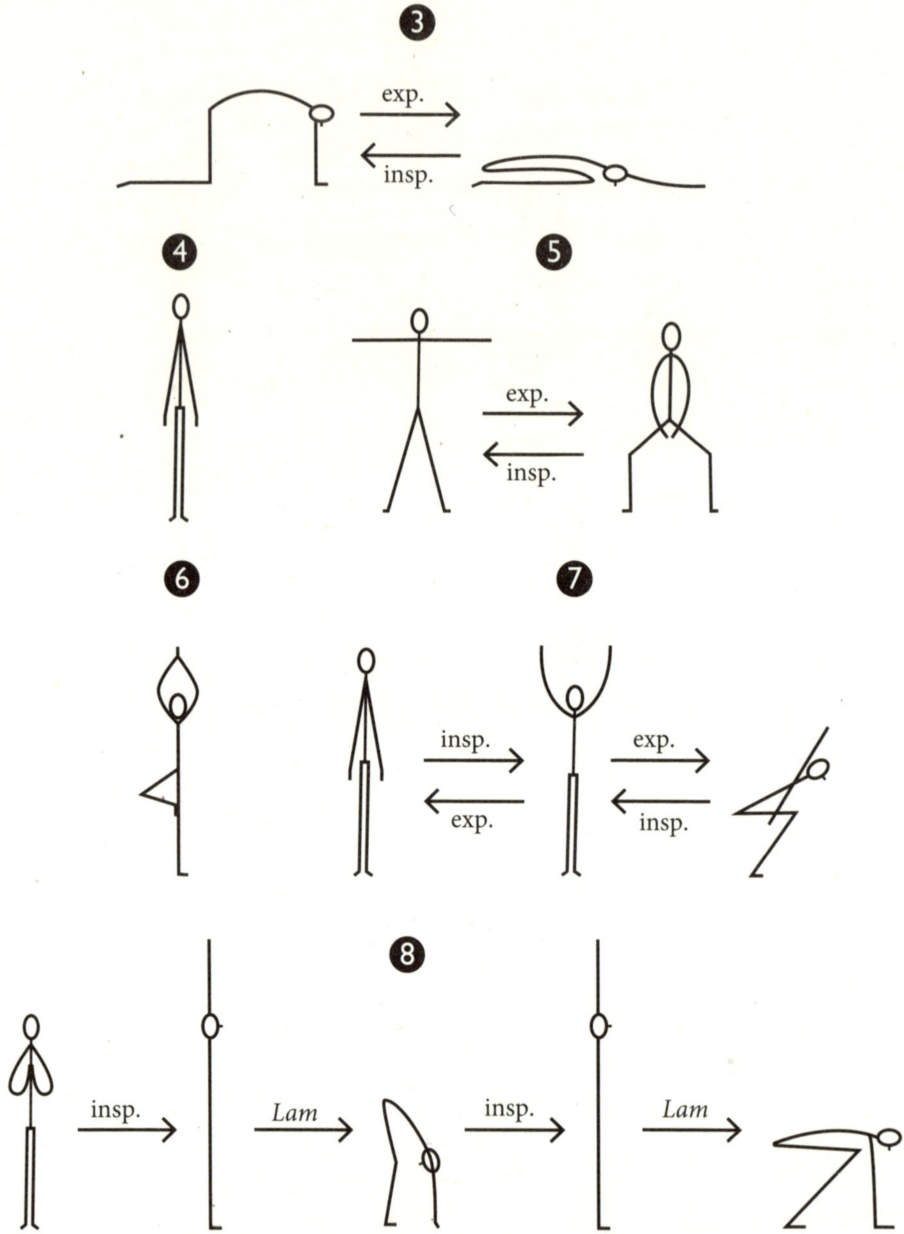

Resumo da Prática de Ioga do Chacra Raiz (continuação).

9

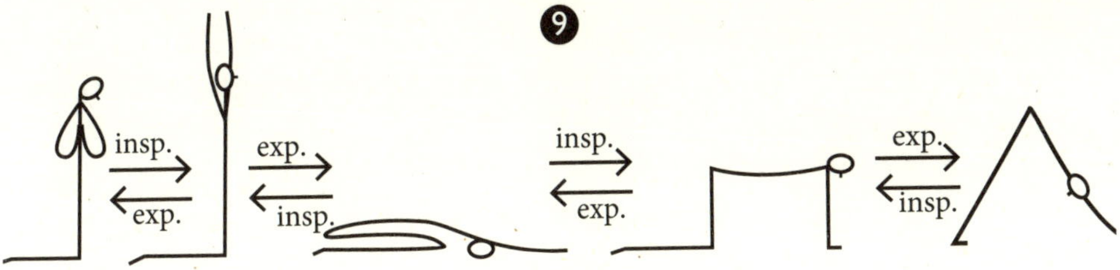

10

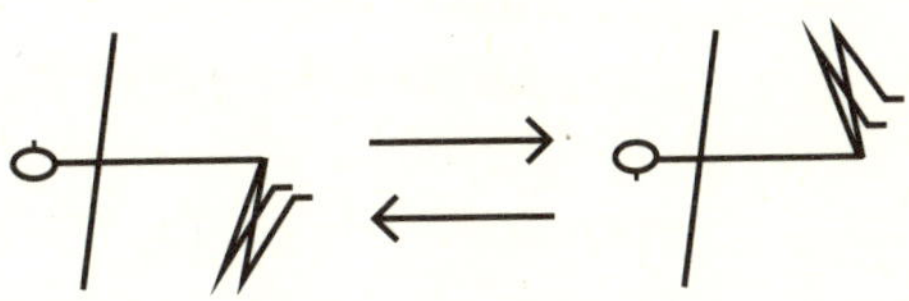

11

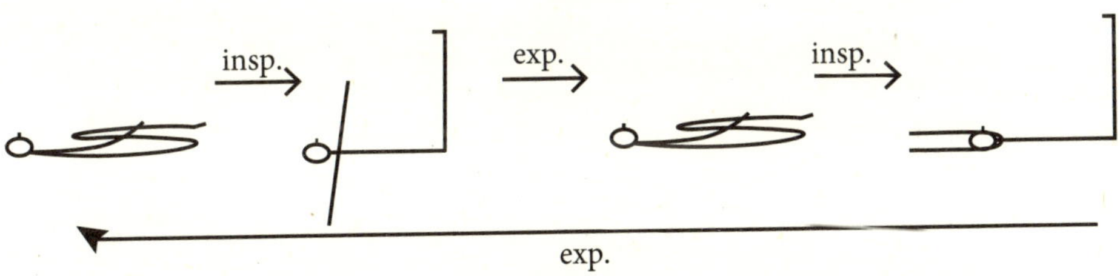

12

MEDITAÇÃO

Meditação do Chacra Raiz

Você pode usar a Meditação do Chacra Raiz para iniciar ou finalizar uma prática de ioga, ou ela pode ser utilizada sozinha, como uma prática independente.

Esta meditação cria uma sensação de estabilidade, acalma a mente ansiosa e temerosa, além de ser tranquilizadora. Se você estiver se sentindo sozinho ou desamparado, ela o ajudará a se sentir estimulado e revigorado. Se estiver se sentindo dissociado ou não fundamentado, ela o auxiliará a se sentir fundamentado e centrado.

Encontre uma posição sentada e confortável. Conduza sua consciência para o assoalho pélvico, a área entre a base da espinha dorsal e o osso púbico. Ao longo da meditação, continue conduzindo sua consciência de volta para essa parte do seu corpo. Mantenha sua consciência nessa área e repita silenciosamente a afirmação para a prática diversas vezes, coordenando-a com a respiração:

Inspire: "A terra me apoia".

Expire: "A terra me nutre".

Depois, esqueça-se da afirmação e, mantendo sua consciência no assoalho pélvico, visualize uma flor vermelha. Visualize a cor e o formato da flor. Perceba se ela está aberta ou em botão.

Agora, esqueça-se da imagem da flor e conduza sua consciência para o fluxo natural da sua respiração. Enquanto você respira, deposite sua consciência no assoalho pélvico e perceba como existe um movimento sutil nessa área que corresponde ao ritmo da sua respiração. A cada inspiração, há uma leve pressão para baixo no assoalho pélvico, e, a cada expiração, há uma leve contração. A cada expiração, puxe levemente os músculos do assoalho pélvico para cima e para baixo, e, a cada inspiração, relaxe esses músculos. Depois, quando você estabelecer esse ritmo, comece, a cada expiração, a repetir silenciosamente o mantra *Lam* (pronunciado como *lum*). Repita o mantra diversas vezes.

Após diversas repetições em silêncio, comece a entoar o mantra *Lam* em voz alta várias vezes. Conforme você o entoa, mantenha sua consciência no assoalho pélvico e na parte inferior do corpo.

Quando você se sentir pronto, esqueça-se da entoação. Desfrute do silêncio durante algumas respirações. Perceba como está se sentindo agora, no fim da sua Meditação do Chacra Raiz. Mais uma vez, torne-se ciente de onde seu corpo entra em contato com o chão ou o apoio. Leve essa sensação de estar fundamentado e centrado para a próxima coisa que você fizer hoje.

MEDITAÇÃO

Meditação em Movimento do Chacra Raiz

Qualquer tipo de caminhada é benéfico para o chacra raiz. A caminhada é fundamentadora e fortalece sua conexão com seus arredores e com a terra. Ela acalma e purifica a mente, ajudando a remover e eliminar o estresse, estimulando levemente a circulação e colocando de novo um sorriso no seu rosto!

Você pode praticar esta simples meditação em movimento do chacra raiz em qualquer instante que tenha para caminhar em algum lugar, do seu carro para a sua casa, de cima a baixo em escadas, ao longo de um corredor no trabalho, no parque ou no seu jardim. A vantagem dela é que pode se adequar até mesmo aos dias mais atarefados.

Nesta meditação em movimento, você simplesmente presta atenção a como é caminhar, percebendo quaisquer sensações que tenha nos seus pés enquanto caminha. O que você sente quando levanta seu pé e o que experimenta quando seu pé entra em contato com a terra novamente? Esteja ciente do contato que seus pés estão fazendo com a terra embaixo de você e de como a terra o apoia.

Quando realizo esta meditação em movimento do chacra raiz, gosto de repetir a frase: “Beije a terra com os seus pés”. Essa é a instrução sobre a meditação em movimento dada pelo monge budista Thich Nhat

Hanh em seu poema "Walking Meditation". No poema, ele nos mostra como caminhar de uma forma que gera a energia de paz e felicidade.[26]

MEDITAÇÃO

Meditação Escrita do Chacra Raiz

Para instruções completas sobre como realizar uma meditação escrita, veja a seção Meditação Escrita com Foco (página 71). Programe seu temporizador para 10 a 20 minutos e escreva, de forma meditativa, sobre um ou mais destes assuntos:

- Terra.
- Vermelho.
- Lar.
- Família.
- Encontrar minha tribo.

Se escrever não for o seu estilo, sinta-se livre para trabalhar com os tópicos anteriores por qualquer outro meio. Por exemplo, pinte um quadro, faça uma colagem, componha uma música ou tire algumas fotos, trabalhando com os temas: terra, vermelho, lar, e assim por diante.

Perguntas Meditativas do Chacra Raiz

Para instruções completas sobre como utilizar as perguntas meditativas, veja a página 75.

- Quais etapas práticas preciso realizar para criar o tempo e o espaço necessários para minhas atividades criativas?
- Qual é minha linhagem criativa e quem dessa linhagem inspira meu trabalho?

26. AHN-HUONG, Nguyen; HANH, Thich Nhat. *Walking Meditation*. Boulder, CO: Sounds True, 2006. p. 6-7.

- Quais são os legados/talentos criativos que herdei dos meus ancestrais?
- Quais atividades considero fundamentadoras e que ajudam a criar estabilidade na minha vida?
- Quem apoia minha criatividade e como posso demonstrar minha gratidão a essas pessoas?

Capítulo 6

Chacra Sacral
(*Svadhisthana*)

Criatividade que Flui do Centro

O símbolo do chacra sacral.

Trabalhar com este chacra associado à água o ensina a seguir o fluxo e o refluxo da sua criatividade. Este chacra, de tom laranja intenso, o eleva e o carrega em uma onda de prazer, e, por meio do seu trabalho, você compartilha esse prazer com os outros. O chacra sacral conecta a sua criatividade ao cordão umbilical da vida, você aprende sobre a atração dos opostos, e suas ideias são fertilizadas e crescem.

O Chacra Sacral em Resumo

Nome em sânscrito: *Svadhisthana* (o próprio lar de alguém, suavidade).

Localização física: o umbigo, o ventre, o abdômen inferior e as áreas do corpo associadas ao prazer sexual e à reprodução.

Elemento: água.

Cor: laranja.

Iantra: lua crescente apontando para cima.

Mantra semente: *Vam* (pronunciado como *vum*).

Afirmações: "Eu confio em mim mesmo." "Minha sabedoria interior me guia."

Preocupações criativas principais: seguir o fluxo e o refluxo da criatividade. Buscar e dar prazer por meio do seu trabalho.

Equilíbrio: traz um bom senso de identidade, limites saudáveis, relacionamentos enriquecedores, você se torna aberto a dar e a receber prazer, sente-se à vontade com a sexualidade, a criatividade, emocionalmente inteligente, capaz de seguir o fluxo e o refluxo da vida.

Excesso: notam-se limites fracos, nenhum senso de identidade, dependência, tendências a vícios, torna-se sexualmente imprudente, maníaco, irracional, dominado pelas emoções, descentrado, autodestrutivo.

Deficiência: sente-se em uma rotina, preso, fora de sintonia com as emoções, hiper-racional, falta intuição, vive em sua própria mente, independente, sexualmente reprimido, escravo, afastado dos prazeres da vida.

Questões da vida: diz respeito a relacionamentos, estabelecer limites saudáveis, buscar prazer, encontrar satisfação na vida, sexualidade, reprodução, biorritmos, criatividade.

Práticas de cura: socializar-se, ter relações sexuais saudáveis, ser estimulado e estimulante, realizar atividades físicas rítmicas, como sequências de ioga fluidas, caminhada, corrida, ciclismo, natação, dança do ventre, *tai chi*, estar perto da água, tocar e ser tocado, ter consciência da respiração e de todas as atividades criativas.

Conectando-se com Sua Fonte Criativa

No capítulo anterior, pensamos sobre como proceder para estabelecer raízes para a nossa criatividade. Neste capítulo, vamos considerar como fazer nossa criatividade fluir. O chacra sacral é uma entrada para a intuição e o fluxo da criação. Dentro de cada um de nós, existe imensamente mais potencial criativo do que de fato utilizamos. A ioga nos permite aprofundar dentro de nós mesmos e descobrir o nosso potencial criativo completo. Fazemos isso ao nos centrar e acessar um fluxo de energia criativa ilimitado.

Você iniciou a vida no ventre da sua mãe. A vida fluiu em você pelo cordão umbilical, que lhe proveu de todo o nutriente de que necessitava para se desenvolver e crescer. O espaço no umbigo, onde você, como um bebê, se conectou à corrente da vida, é um lugar sagrado e uma fonte de poder espiritual. No entanto, para muitos de nós, esse centro fica bloqueado pela vergonha em relação à barriga. As mulheres, especialmente, são condicionadas a manter a barriga apertada firmemente, como com um espartilho, o que impede a respiração e o fluxo de energia. A ioga nos ensina a desenvolver uma base forte, mas flexível, estabelecendo um padrão respiratório saudável e nos conectando por meio do nosso chacra sacral à corrente da vida.

Se desejarmos que nossa criatividade se desenvolva, devemos nutri-la como uma mãe nutre seu bebê no ventre. Nós a conectamos ao fluxo da vida, o que nos fornece uma fonte ilimitada de potencial criativo à qual podemos recorrer. Baixando sua consciência até seu ventre, que também é a localização do chacra sacral, você pode se conectar a uma usina de energia armazenada. Sua prática de ioga o ensina como evitar que sua energia vital (*prana*) seja esgotada e mantém essa energia fluindo. A respiração da ioga (*pranayama*) o infunde com o respiro da vida e o ensina a controlar seu fluxo de energia. O relaxamento da ioga permite que seu corpo e sua mente descansem, removendo quaisquer bloqueios que impedem o fluxo livre de energia prânica.

Quando estamos ansiosos ou preocupados, nossa energia tende a ficar presa em nossa cabeça. Nesses momentos, nós nos sentimos separados do fluxo da vida e nossos impulsos criativos são bloqueados. Você pode alterar para um fluxo de energia mais saudável baixando sua consciência da sua cabeça para seu ventre. Isso é o que chamamos de centralização. Quando você está centrado, sente-se imediatamente mais calmo, mais concentrado e receptivo a novas ideias e soluções. Ao centrar-se, você retorna para si mesmo, sente-se mais autoconfiante, e se torna mais capaz de gerar ideias e tomar posse delas. Se você combinar a centralização com a fundamentação (conforme descrito no capítulo anterior), vai se tornar uma usina de criatividade verdadeiramente formidável!

O processo de centralização, baixando nossa consciência para nosso ventre, também nos permite acessar uma fonte de sabedoria profunda que reside no ventre. Quando estamos centrados, somos capazes de ouvir e responder aos nossos instintos. A ciência ocidental reconhece a possibilidade de que nossas vísceras agem como um "segundo cérebro", que influencia nossa sensação de bem-estar físico e mental.[27] A intuição é uma parte importante do processo criativo: ela nos ajuda a dar saltos de fé com mais confiança, muitas vezes com resultados impressionantes.

Criatividade Movida por Prazer

Enquanto o chacra raiz estava relacionado à energia tribal do grupo e a atender às demandas básicas de sobrevivência, o chacra sacral está associado à necessidade de evoluir além do grupo, desenvolvendo um senso de identidade separado, formando relacionamentos com os outros e recebendo e dando prazer.

Para formar relacionamentos saudáveis, devemos ser capazes de estabelecer limites igualmente saudáveis. Para formar limites saudáveis nos relacionamentos, faça a si mesmo, frequentemente, as seguintes perguntas:

---

27. RUIZ, Fernando Pagés. "Forget Six-Pack Abs: What It Really Means to Have Strong Abdominals". *Yoga Journal, 28 ago. 2007. Disponível em: <https://www.yogajournal.com/teach/anatomy-yoga-practice/forget-six-pack-abs/>.*

- O que eu penso?
- O que eu sinto?
- O que eu quero?
- O que me traz prazer?

Existem também perguntas úteis a serem feitas em qualquer estágio do processo criativo, pois elas o manterão no caminho e garantirão que suas criações reflitam seu eu autêntico. Buscar prazer está relacionado a dizer "sim!" para a vida. Para dizer "sim" ao fluxo da vida, e permitir que ele flua por nós e pelas nossas criações, precisamos cultivar a autoconsciência, que nos possibilita saber o que queremos afirmar em nossa existência.

A busca pelo prazer é, muitas vezes, considerada uma atividade narcisista; no entanto, o prazer também pode ser uma força motivadora no que tange à nossa produção criativa. Se seu trabalho lhe traz alegria, você vai querer continuar voltando para ele. Se existe um elemento de êxtase nos seus esforços criativos, então, isso compensará o inevitável trabalho árduo e penoso que é requerido para concluir qualquer projeto.

Algumas vezes atribuído a Pablo Picasso, o ditado "O significado da vida é encontrar seu dom. O propósito da vida é oferecê-lo", nos lembra de que, quando somos criativos, nos tornamos parte de um ciclo virtuoso, no qual recebemos inspiração, e, por meio das nossas criações, nós a devolvemos ao rio da vida. Nossa prática de ioga nos ensina sobre esse fluxo circular de dar e receber amor. A cada inspiração, recebemos amor e somos literalmente inspirados; a cada expiração, devolvemos amor para o mundo.

A ioga flui, fortalece, desenvolve e revela. A criatividade o eleva e o tira de sua vida cotidiana, habitual e familiar. A criatividade diz respeito a aprender a confiar na vida. A criatividade refere-se a ser autêntico, expressar sua verdade e seguir sua visão. A ioga relaciona-se a se desprender do que o impede de ser criativo e de viver uma vida criativa. Inspire para inspirar, expire para se desprender. A ioga o conecta à sua sabedoria interior e a uma força ou poder criativo universal.

Viver uma vida criativa é viver com paixão. Quando trilhamos o caminho da criatividade, nós nos tornamos apaixonados pela relação em formação com nosso eu autêntico, o nosso eu anímico, aquele que sabe. Quando nos lembrarmos de quem somos e de qual é nosso propósito na vida, as sementes que plantarmos serão aterradas em solo fértil. A música que cantarmos será bela.

Ioga Inspirada no Chacra Sacral

O chacra sacral nos inspira a cultivar uma suavidade em nossa prática de ioga, o que coincide com o princípio de busca pelo prazer desse chacra. Evidentemente, em geral, a ioga requer que nos apliquemos e exerçamos uma disciplina leve; no entanto, se suas sessões de ioga forem agradáveis e suaves, você desejará continuar retornando para seu tapete de ioga.

Uma forma sublime de se conectar com a suavidade da vida seria tentar uma meditação com chocolate (eu me permito realizar essa meditação uma vez por semana - você *pode* obter muito de algo bom!). Visualizar a cor laranja, associada ao chacra, acrescenta um elemento estimulante e prazeroso à prática.

A água é o elemento relacionado ao chacra sacral, e podemos escolher movimentos fluidos e leves e sequências de ioga fluidas (*vinyasas*), como a Saudação à Lua (*Chandra Namaskar*) ou a Saudação ao Sol (*Surya Namaskar*).

Algo como pegar as ondas da respiração nos ajuda a nos conectar com o fluxo e o refluxo da vida, especialmente se centralizarmos nossa atenção no abdômen inferior, que é a parte do corpo conectada com esse chacra. Nós podemos combinar essa consciência da respiração com usar o mantra semente do chacra, *Vam* (pronunciado como *vum*), na expiração, ou silenciosamente, no fim da expiração.

Outra forma de trabalhar com esse chacra é por meio de uma sessão de ioga intuitiva. Suba no seu tapete de ioga e permita que sua intuição o guie por uma sessão. Sua intuição será aguçada ao passar algum tempo no começo da sessão se fundamentando e centralizando. Depois, ao longo da sessão, continue baixando sua consciência para seu ventre, que é o lar do chacra sacral e da sua intuição. Se você for professor de ioga, descobrirá que ensinar dessa maneira intuitiva é algo incrivelmente poderoso. Durante uma sessão intuitiva, sintonize-se continuamente com sua sabedoria interior, além de sentir a energia predominante dos participantes na aula. Considero que recebo *feedbacks* realmente positivos dos alunos após uma sessão de ioga intuitiva, com eles dizendo coisas como: "Como você sabia disso? Isso era exatamente do que eu precisava!".

Outro modo de trabalhar com esse chacra é explorar a abordagem de ioga para a sexualidade sagrada. Em vários momentos em nossa vida, podemos ou não estar em um relacionamento sexual; contudo, o prazer sensual, ou o êxtase cotidiano, está sempre disponível para nós, e podemos sempre escolher usar com atenção plena os nossos cinco sentidos, a fim de apreciar a beleza do mundo ao nosso redor e, portanto, nos apaixonar completamente pela vida de novo.

Prática de Ioga do Chacra Sacral

Esta é a prática ideal se você se sentir bloqueado e quiser fazer a sua essência criativa fluir novamente. Ela altera a energia bloqueada e permite que você siga o fluxo e o refluxo da vida. Esta é uma prática centralizadora, que o conecta à sua sabedoria interior.

As afirmações que usamos na prática são: "Eu confio em mim mesmo"; e "Minha sabedoria interior me guia". Elas podem ser coordenadas com a respiração:

Inspire: "Eu confio em mim mesmo".
Expire: "Minha sabedoria interior me guia".

Reserve de 30 a 40 minutos.

No final destas instruções, você encontrará um resumo ilustrado de toda a prática.

1. Exercício da Consciência do Chacra Sacral, Deitado de Costas, com os Joelhos Flexionados e os Pés no Chão

Feche os olhos e conduza sua consciência para o abdômen inferior, a área entre a parte de cima do osso púbico e o umbigo, que é a parte do corpo associada ao chacra sacral. Mantendo sua consciência no ventre, visualize uma flor laranja. Imagine a cor e o formato da flor.

Agora, deixe de imaginar a flor e repita silenciosamente a afirmação do chacra diversas vezes, coordenando-a com a respiração. Inspire e afirme: "Eu confio em mim mesmo". Expire e afirme: "Minha sabedoria interior me guia".

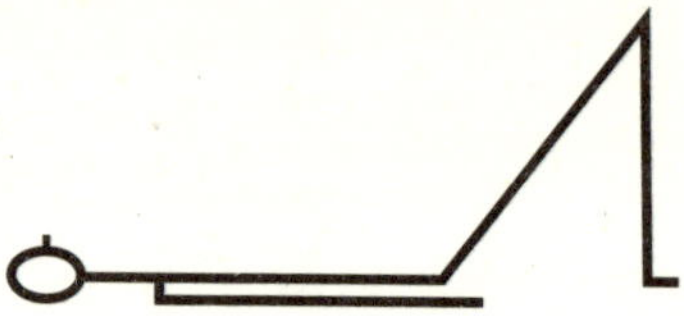

Postura de Relaxamento, deitado de costas, com os joelhos flexionados e os pés no chão.

2. Balanço Pélvico

Deite-se de costas, com os dois joelhos flexionados e ambos os pés no chão, afastados aproximadamente na largura do quadril. Perceba a qualidade ondulatória do fluxo e do refluxo da sua respiração. Movimente levemente sua pelve para a frente e para trás. Expire, comprimindo o cóccix para baixo, enquanto a parte de trás da cintura pressiona o chão e o abdômen inferior se contrai. Inspire, movimentando seu cóccix em direção ao chão, a parte de trás da cintura arqueando para longe do chão e o ventre sendo projetado para fora. Continue realizando esses dois movimentos levemente. Cultive uma qualidade ondulatória para o movimento e coordene-o com a respiração.

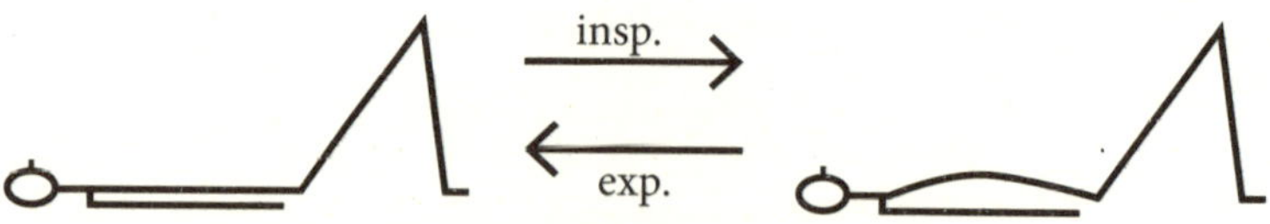

Balanço pélvico.

3. Balanço Pélvico e Movimentos dos Braços

Continue movimentando levemente sua pelve para a frente e para trás, e, enquanto você inspira, levante ambos os braços para cima da sua cabeça, no chão atrás de você. Enquanto você expira, abaixe os braços para os lados novamente. Você pode de maneira silenciosa coordenar a respiração e o movimento com a afirmação. Inspire e afirme: "Eu confio em mim mesmo". Expire e afirme: "Minha sabedoria interior me guia". Repita por seis vezes.

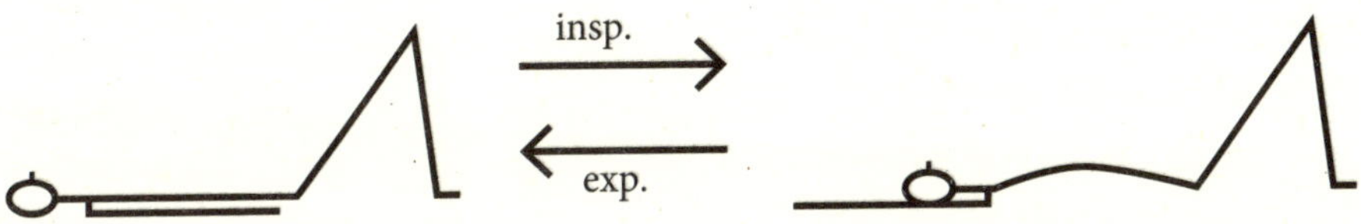

Balanço pélvico e movimentos dos braços.

4. Torção Supina (*Jathara Parivrtti*)

Deite-se de costas, com os joelhos flexionados, os pés juntos, os braços esticados para os lados na altura dos ombros e as palmas das mãos viradas para baixo. Leve ambos os joelhos ao seu peito (para uma postura mais fácil, mantenha ambos os pés no chão). Expirando, abaixe ambos os joelhos na direção do chão à esquerda e vire a cabeça levemente para a direita. Inspire e retorne ao centro. A cada expiração, repita silenciosamente o mantra *Vam* (pronunciado como *vum*). Permita que seus movimentos sejam fluidos e leves. Repita por seis vezes de cada lado, alternando os lados.

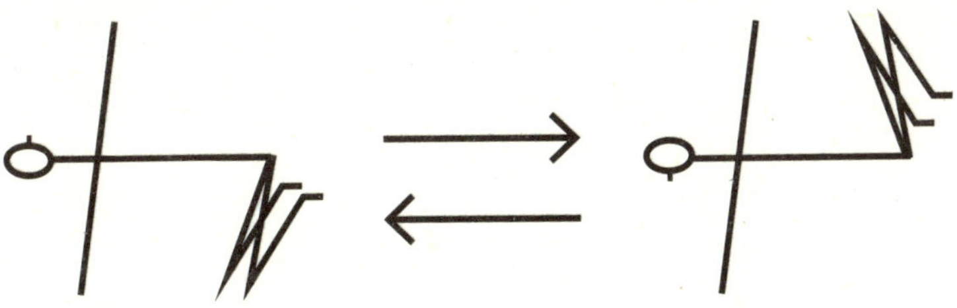

Torção Supina.

5. Postura da Ponte (*Setu Bandhasana*) à Postura de Joelhos no Peito (*Apanasana*)

Deite-se de costas, com os joelhos flexionados, os pés no chão, afastados na largura do quadril, e os braços para os lados. Inspirando, erga as costas do chão, levando os braços para cima da cabeça, no chão atrás de você, realizando a Postura da Ponte. Expirando, abaixe as costas, retornando os braços para os lados. Ainda expirando (ou respire mais uma vez), leve os joelhos ao peito e as mãos aos joelhos, curvando-se como uma bola, na Postura de Joelhos no Peito. Inspire e retorne para a posição inicial. Mantenha-se nessa posição durante uma respiração e, depois, repita a sequência inteira. Procure cultivar uma qualidade ondulatória em seus movimentos, coordenando-os com a respiração. Repita de quatro a seis vezes.

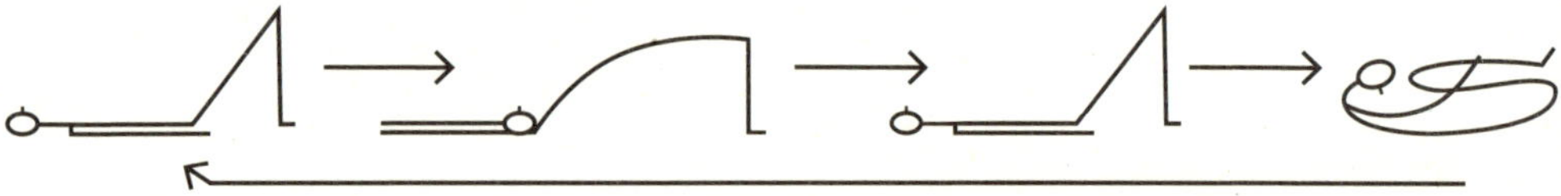

Postura da Ponte à Postura de Joelhos no Peito.

6. Sequência *Vam* Ajoelhado

Fique ajoelhado e reto, com as mãos na Posição de Oração (*Namaste*). Inspire, levantando ambos os braços acima da sua cabeça. Expire, entoando *Vam* (pronunciado como *vum*) em voz alta, conforme você se curva para a frente, na Postura da Criança (*Balasana*). A partir da Postura da Criança, inspire, ficando na Postura do Cachorro Olhando para Cima (*Urdhva Mukha Svanasana*). Expire, voltando para a Postura da Criança. Inspire, voltando a ficar ajoelhado e reto, e movimentando os braços para cima da cabeça; expire, abaixando os braços, com as mãos se movendo para a Posição de Oração.

Repita a sequência de quatro a seis vezes. (Se você preferir, tudo bem ignorar a orientação sobre a respiração que é dada para esta sequência. Faça respirações adicionais se precisar. Nunca force a respiração.)

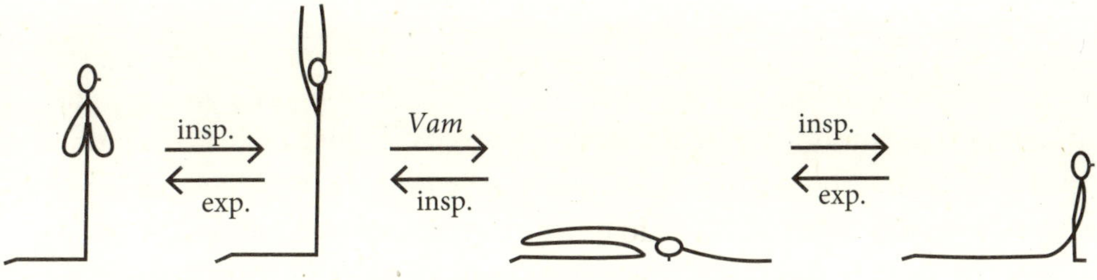

Sequência *Vam* Ajoelhado.

7. Variação da Torção Sentada (*Ardha Matsyendrasana*)

Fique em uma posição sentada, com as pernas esticadas. Flexione o seu joelho direito e coloque o pé direito para além do joelho esquerdo. Sente-se reto, envolva seu joelho direito com seu braço esquerdo e abrace o joelho no seu peito. Coloque sua mão direita, com a palma virada para baixo, no chão atrás de você. Inspire, alongando sua espinha dorsal. Expire e vire, olhando por cima do seu ombro direito. Permaneça nessa torção, baixando sua consciência para seu ventre. Cada vez que você expirar, contraia levemente o abdômen inferior e repita silenciosamente o mantra *Vam*. Permaneça nessa posição durante algumas respirações e, depois, repita do outro lado.

Variação da Torção Sentada.

8. Flexão para a Frente Sentado (*Paschimottanasana*)

Sente-se reto, com as pernas esticadas (flexione os joelhos para facilitar a postura). Inspire e levante os braços. Expire e curve-se para a frente, sobre suas pernas. Inspire e retorne para a posição inicial. Você pode silenciosamente coordenar a respiração e o movimento com a afirmação. Inspire e afirme: "Eu confio em mim mesmo". Expire e afirme: "Minha sabedoria interior me guia". Repita por seis vezes e, na última vez, permaneça na postura durante algumas respirações.

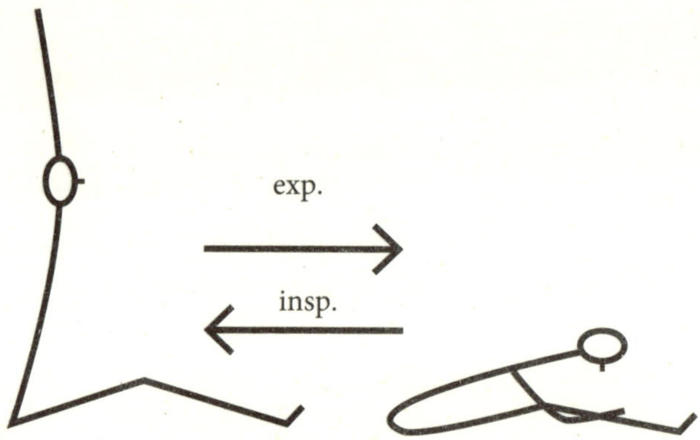

Flexão para a Frente Sentado.

9. Torção Supina (*Jathara Parivrtti*)

Deite-se de costas, com os joelhos flexionados, os pés juntos, os braços esticados para os lados na altura dos ombros e as palmas das mãos viradas para baixo. Leve ambos os joelhos ao seu peito. Expire e abaixe ambos os joelhos na direção do chão à esquerda. Permaneça assim e coloque a mão esquerda na sua coxa direita, suavemente, fazendo com que suas pernas se abaixem em direção ao chão. Vire a palma da sua mão direita para cima e, mantendo seu braço em contato com o chão, levante seu braço em direção à orelha direita. Permaneça assim durante algumas respirações, concentrando-se no local onde seu corpo é apoiado pela terra embaixo de você e relaxando nesse apoio. Em cada expiração, repita silenciosamente o mantra *Vam*. Repita do outro lado.

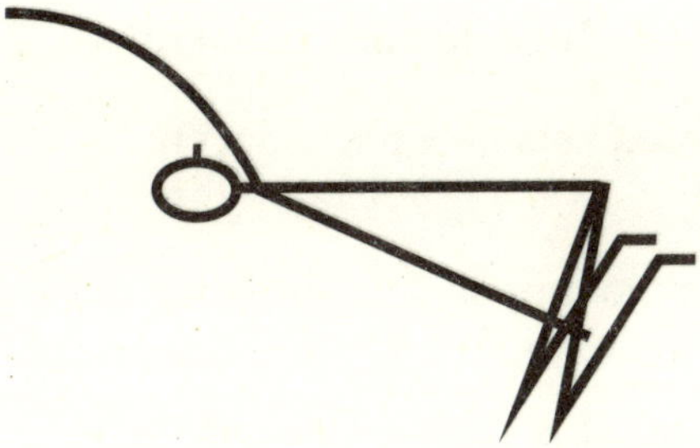

Torção Supina.

10. Postura de Joelhos no Peito (*Apanasana*)

Abrace os joelhos no peito. Descanse nessa postura durante algumas respirações. Repita silenciosamente a afirmação por três vezes: "Eu confio em mim mesmo. Minha sabedoria interior me guia".

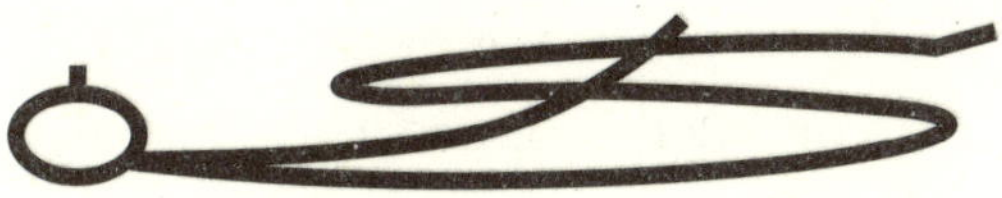

Postura de Joelhos no Peito.

11. Relaxamento Curto ou Meditação do Chacra Sacral

Você pode finalizar sua prática com alguns minutos deitado na Postura de Relaxamento (*Savasana*) ou, se tiver tempo, encontre uma posição sentada confortável e realize a Meditação do Chacra Sacral, apresentada após o resumo desta prática.

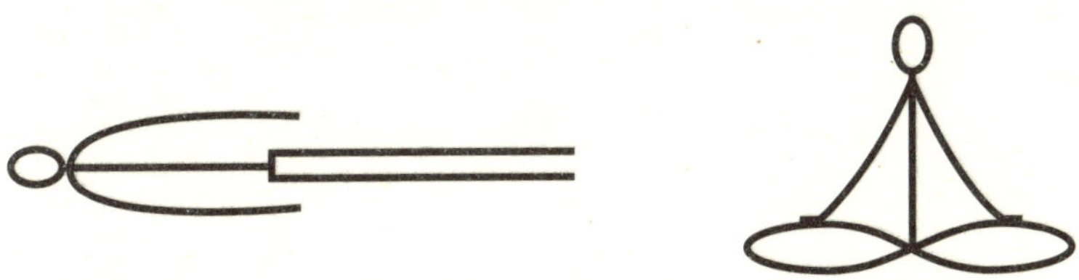

Relaxamento curto ou Meditação do Chacra Sacral.

Resumo da Prática de Ioga do Chacra Sacral

1. Exercício da Consciência do Chacra Sacral.

2. Balanço pélvico.

3. Balanço pélvico e movimentos dos braços × 6. Inspire: "Eu confio em mim mesmo". Expire: "Minha sabedoria interior me guia".

4. Torção Supina e mantra *Vam* × 6 de cada lado.

5. Postura da Ponte à Postura de Joelhos no Peito × 4-6.

6. Sequência *Vam* Ajoelhado × 4-6.

7. Variação da Torção Sentada e mantra *Vam*.

8. Flexão para a Frente Sentado × 6. Inspire: "Eu confio em mim mesmo". Expire: "Minha sabedoria interior me guia".

9. Torção Supina e mantra *Vam*.

10. Postura de Joelhos no Peito. Afirme silenciosamente × 3: "Eu confio em mim mesmo. Minha sabedoria interior me guia".

11. Relaxamento curto ou Meditação do Chacra Sacral.

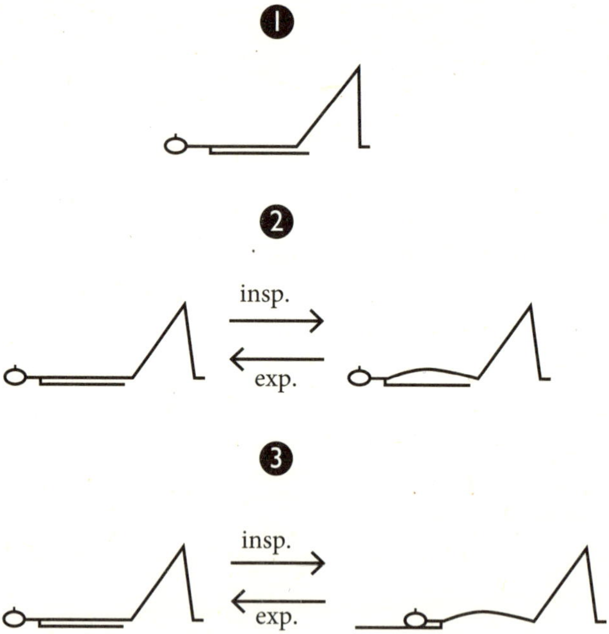

Resumo da Prática de Ioga do Chacra Sacral.

Resumo da Prática de Ioga do Chacra Sacral (continuação).

MEDITAÇÃO

Meditação do Chacra Sacral

Esta meditação pode ser utilizada para iniciar ou finalizar uma prática de ioga, mas ela também pode ser usada sozinha, como uma prática independente.

Use esta meditação sempre que se sentir descentrado ou incerto sobre qual caminho seguir na vida. Esta meditação é centralizadora, e o ajudará a se conectar com sua intuição e sabedoria interior.

Encontre uma posição sentada ou deitada confortável. Agora, conduza a sua consciência para seu abdômen inferior, a área entre a parte de cima do osso púbico e o umbigo, que é a parte do corpo associada ao chacra sacral.

Mantenha sua consciência no ventre e repita silenciosamente a afirmação do chacra diversas vezes, coordenando-a com a respiração:

Inspire: "Eu confio em mim mesmo".
Expire: "Minha sabedoria interior me guia".

Depois, esqueça-se da afirmação e, mantendo sua consciência no ventre, visualize uma flor laranja. Imagine a cor e o formato da flor. Perceba se ela está aberta ou em botão.

Agora, deixe de imaginar a flor, e conduza sua consciência ao fluxo e ao refluxo naturais da respiração. Perceba como o ventre sobe e desce ligeiramente a cada ciclo respiratório. Observe como existe uma qualidade ondulatória na respiração. A cada vez que você expirar, contraia de maneira leve o abdômen inferior e diga silenciosamente o mantra *Vam* (pronunciado como *vum*). A cada vez que você inspirar, relaxe o ventre e deixe a inspiração acontecer. Se você estiver em uma posição sentada, entoe o mantra *Vam* em voz alta diversas vezes.

Quando você estiver pronto, interrompa a entoação. Desfrute do silêncio. Depois, perceba onde seu corpo entra em contato com o chão ou com seu apoio. Leve essa sensação de estar centrado para a próxima atividade que você realizar hoje.

MEDITAÇÃO

Meditação em Movimento do Chacra Sacral

Esta é uma meditação centralizadora. Ela estimula uma mentalidade positiva, é tranquilizadora, altera a rigidez da mente e estimula uma sensação de fluir. Na meditação, nós nos centramos, nos tornamos cientes do fluxo da respiração conforme caminhamos e estamos à procura de beleza e de tudo que nos proporciona prazer. Idealmente, a caminhada é realizada ao ar livre.

Comece a meditação simplesmente estando ciente da sensação de ser alguém que está caminhando. A cada passo, observe as sensações associadas ao seu pé entrando em contato com a terra embaixo de você. Esteja ciente do ritmo da sua caminhada, percebendo a sensação de caminhar lentamente e de aumentar o passo. Depois, baixe sua consciência até a parte inferior do ventre, mantenha essa consciência centrada enquanto caminha e, ao mesmo tempo, esteja ciente do fluxo e do refluxo naturais da sua respiração.

A mente humana é programada para perceber o que é negativo. No entanto, se você notar somente o que estiver errado enquanto caminha, isso o deixará desanimado. Assim, nesta meditação em movimento, faça um esforço consciente para observar o que é belo e lhe proporciona prazer – uma flor em botão, a cor das folhas de outono, o sorriso de uma criança, um filhote de cachorro brincalhão ou o Sol dançando sobre a água.

Quando você tiver finalizado a meditação em movimento, resolva levar essa atitude positiva e centrada para a próxima atividade que fizer hoje.

MEDITAÇÃO

Meditação Escrita do Chacra Sacral

Para instruções completas sobre como realizar uma meditação escrita, veja a seção Meditação Escrita com Foco (página 71).

Programe seu temporizador para 10 a 20 minutos e escreva, de forma meditativa, sobre um destes assuntos:

- Água.
- Laranja.
- Prazeres sensuais.
- O fluxo e o refluxo da vida.
- Minha criatividade é nutrida por...

Se escrever não for seu estilo, sinta-se livre para trabalhar com os tópicos anteriores por qualquer outro meio. Por exemplo, pinte um quadro, faça uma colagem, componha uma música ou tire algumas fotos, trabalhando com os temas anteriores.

Perguntas Meditativas do Chacra Sacral

Para instruções completas sobre como utilizar as perguntas meditativas, veja a página 75.

- Quando minha criatividade está bloqueada, o que a faz fluir?
- O que me proporciona prazer?
- Quão fácil é para mim declarar minhas preferências?
- Eu estou em contato com minhas emoções e sou capaz de expressar como me sinto?
- Quão desenvolvida é minha intuição? Presto atenção às mensagens que recebo da minha sabedoria interior?

Capítulo 7

Chacra do Plexo Solar
(*Manipura*)

Fortaleça Sua Criatividade

O símbolo do chacra do plexo solar.

Este chacra permite que você irradie sua luz criativa no mundo. Ele lhe oferece confiança para brilhar! Trabalhar com este chacra o ajuda a desenvolver a habilidade de ocupar um espaço criativo no mundo. Ele ativa sua criatividade, e você descobrirá a vontade, o estímulo e o impulso para colocar suas criações no mundo.

O Chacra do Plexo Solar em Resumo

Nome em sânscrito: *Manipura* (joia brilhante).

Localização física: entre o umbigo e a base do esterno.

Elemento: fogo.

Cor: amarelo.

Iantra: triângulo apontando para cima ou para baixo.

Mantra semente: *Ram* (pronunciado como *rum*).

Afirmações: "Meu Sol interior me fortalece". "Eu irradio amor e luz".

Preocupações criativas principais: ativar a criatividade e desenvolver a confiança para colocar suas criações no mundo.

Equilíbrio: ser autoconsciente, autoconfiante, seguro de si mesmo, assertivo, expressivo, ocupar espaço, manter-se firme, ousado, canalizar a raiva para criar mudança, ser corajoso, radiante, otimista, irradiar luz para o mundo.

Excesso: ser dominador, superconfiante, intimidador, desrespeitoso com o espaço dos outros, imprudente, expressar raiva de forma destrutiva, ter pouca autoconsciência, bloquear o Sol para os outros.

Deficiência: ser envergonhado, ter falta de confiança, ser medroso, reservado, facilmente influenciado, inflexível, tímido, reprimido, reprime a raiva, fica na sombra.

Questões da vida: autocapacitação, desenvolvimento de um senso de identidade, de assertividade, buscar o direito de ocupar espaço, desenvolver autoconfiança, superar desafios, encontrar seu lugar no mundo, desenvolver força física, mental e emocional.

Práticas de cura: exercícios de treinamento de força, *boxing yoga*, artes marciais, caminhada rápida, corrida, treinamento de assertividade, controle da raiva, dias ensolarados, proteção psíquica, aquisição de habilidades e aumento da confiança, assumir riscos calculados, diálogo interno positivo.

Criatividade Movida pelo Sol!

O primeiro chacra está relacionado à nossa identidade tribal; o segundo chacra gira em torno de formar relações; e o terceiro chacra nos permite formar um senso de identidade pessoal. O trabalho que fizemos nos dois chacras inferiores nos dará apoio em nossa busca para descobrir quem somos e para nos expressarmos por meio da nossa criatividade. Nosso trabalho com o chacra do plexo solar é localizar o Sol em nosso centro e brilhar essa luz no mundo. A ioga o ajuda a se manter firme e encontrar a coragem no seu coração para seguir seu verdadeiro caminho criativo na vida.

A ioga, assim como muitas tradições espirituais e religiosas, ressalta a necessidade de deixar de lado o ego para se tornar iluminado. No entanto, uma pessoa deve, primeiramente, ter desenvolvido um ego, ou um senso de identidade, para transcendê-lo. Para ser uma força criativa no mundo, você precisa de um forte senso de identidade. É necessário ter coragem e uma forte dose de autoconfiança para se arriscar e levar suas criações para o mundo, a fim de que todos possam vê-las. Esteja você expondo um quadro, publicando um romance, construindo uma estátua, blogando ou até mesmo tuitando, isso pode ser tanto emocionante quanto aterrorizante. E se as pessoas odiarem? E se eu fizer papel de tolo? E seu eu for rejeitado? Trabalhar com os primeiros dois chacras ajuda a construir uma base de apoio estável para a nossa criatividade, e agora o terceiro chacra nos auxilia a desenvolver a autoconfiança, a força e a resiliência que são necessárias para concluirmos qualquer projeto criativo.

Existe uma quantidade enorme de trabalho que deve ser feito antes de você chegar ao ponto de realizar uma exposição de arte, publicar um livro, lançar um filme, entre outros. Você precisa ter a autoconfiança para lutar pelo seu direito de usar o tempo, o espaço e os recursos de que necessita para manifestar sua visão criativa. As mulheres são muitas vezes criadas para serem altruístas, e elas devem desenvolver o ego para demarcar seu território criativo e superar seu condicionamento de sempre colocar as demandas das outras pessoas antes de suas próprias necessidades. Sua visão é única; seria uma grande perda para o mundo se, por causa do medo de ser egoísta, suas palavras não fossem escritas e lidas, ou sua sabedoria perceptiva ficasse sem ser expressa e fosse perdida para sempre. Reverta isso: não é egoísmo escrever – egoísmo é não compartilhar seus dons criativos com o mundo! Sim, as artes podem ser percebidas como autoindulgentes. Contudo, sem a contribuição dos artistas, o mundo seria um lugar miserável e monocromático.

Trabalhar com o terceiro chacra é fortalecedor. O tipo de poder ao qual estamos nos referindo não é dominador. Em vez disso, é o poder de localizar o Sol no seu centro e brilhar essa luz no mundo. Dessa forma, você se tornará uma referência e iluminará o caminho para os outros. Precisamos de escritores, pintores e de outros visionários criativos para iluminarem uma forma inovadora de ver o mundo e inspirarem todos nós a trabalharmos por uma mudança.

A criatividade nos ajuda a nos libertar do ciclo de comportamento habitual, a fugir da norma e a experimentar algo novo. Isso algumas vezes pode incomodar, portanto, como artistas, precisamos ter um forte senso de identidade, cultivado pelo nosso trabalho no terceiro chacra, a fim de lidar com a opinião pública, com uma crítica ruim ou com a desaprovação. É um ato de generosidade compartilhar suas criações com o mundo. Esse também é um negócio arriscado. Você pode ser aplaudido pelos seus esforços, mas existe sempre uma chance de ser ridicularizado e humilhado. Neste caso, o trabalho que você realiza com o terceiro chacra o ajudará a se reerguer, sacudir a poeira e tentar novamente.

O que nos impede de irradiarmos nossa luz no mundo? Os artistas possuem a reputação de serem não convencionais, dissidentes que infringem as regras da sociedade. Isso é visto como admirável nos homens e chocante nas mulheres. As normas sociais restringem a expressão das mulheres, e ser artista e mulher é um ato de subversão. Quando as mulheres se arriscam e se expressam, muitas vezes são silenciadas ao serem humilhadas por sua aparência. As mulheres são frequentemente humilhadas e intimidadas nas mídias sociais. Muitas mulheres se mantêm firmes em relação a isso e ainda tuitam, blogam e levam sua visão para o mundo. Trabalhar com o terceiro chacra lhe dará forças para continuar seguindo em frente e para manter um senso de autoconfiança, não importa o que o mundo projete em você. Apesar de tudo, é preciso persistir!

O terceiro chacra abriga a energia impetuosa da raiva. Em alguns círculos espirituais, a raiva é vista como uma emoção "negativa", que deve ser erradicada. Eu acho que essa visão é incapacitante. Quando sentimos raiva, essa poderosa emoção está nos sinalizando que nossos limites foram rompidos e que precisamos fazer algo para nos proteger. Ignoramos a raiva por nossa conta e risco. Quando reprimimos a raiva, ela se volta contra nós e pode levar à depressão. No entanto, se simplesmente agirmos de acordo com nossos impulsos de raiva, é provável que alguém sairá machucado e acabaremos nos arrependendo. Uma alternativa é se acalmar e escutar sua raiva. O que ela está tentando lhe dizer? O que precisa ser mudado? A raiva reprimida pode sufocar a criatividade, enquanto a raiva justificada, quando tratada conscientemente, pode turbinar a criatividade e ser uma força para uma mudança radical.

Lembre-se de procurar exemplos, aqueles indivíduos que são referências, demonstrando-nos que, apesar de enfrentarem obstáculos inacreditáveis em suas vidas, eles ainda brilham e iluminam o caminho para o restante de nós.

O Comprometimento Fortalece a Criatividade

Algumas pessoas que estão lendo este livro vão recorrer a atividades criativas para aprimorar o bem-estar e aliviar o estresse. Talvez isso seja algo que elas fazem em seu tempo livre para criar equilíbrio em uma vida atarefada. No entanto, outras pessoas podem desejar aprofundar a prática da criatividade e levá-la para outro nível. De qualquer forma, esta seção lhe dará algumas dicas e sugestões que o ajudarão a aprofundar a sua prática criativa. Se você considera difícil concluir um projeto, então, continue lendo. Esta seção é para você.

Reserve um momento para considerar: o que a palavra "comprometimento" evoca em você? Existe algo pesado sobre essa palavra que o desanima? Quando você inicia o caminho criativo, assim como quando começa a sair com alguém, pode ser bom tentar muitas coisas diferentes, e descobrir o que o anima e faz você se sentir completamente vivo. Como uma abelha que voa de flor em flor, você pode tentar muitos passatempos, atividades, técnicas, métodos e abordagens criativas. Contudo, em algum ponto, uma vez que você souber o que está sendo oferecido, é benéfico se comprometer com uma disciplina específica e aprofundar seu entendimento sobre ela. Se a ideia de comprometimento parecer um pouco pesada para você, não se preocupe. Comece apenas colocando seu pé na água, e, então, decida depois se quer dar um salto e mergulhar.

Quando uma pessoa pula de relacionamento em relacionamento, pode-se dizer que ela tem fobia de comprometimento. Evidentemente, quando começamos a sair com alguém, pode ser divertido curtir a vida, mas, quando a magia e o romance de começar um relacionamento desaparecem, pode ser tentador seguir em frente para reaver a empolgação do primeiro amor. Porém, se sempre desistirmos ao primeiro sinal de dificuldade em um relacionamento, perderemos a profundidade do amor e da experiência que surgem do compromisso e da superação das dificuldades. Da mesma forma, se desejarmos aprofundar nossa relação com a criatividade, então, o comprometimento é um elemento essencial.

Em vez de falar sobre comprometimento, pode ser proveitoso ressignificá-lo e pensar sobre determinar uma intenção, o que é uma excelente forma de potencializar sua criatividade. A princípio, você pode simplesmente determinar uma intenção de se comprometer em passar certa quantidade de tempo, todos os dias, realizando uma atividade criativa. Até mesmo cinco minutos por dia podem ter um efeito benéfico e fazer sua essência criativa fluir. Lembre-se de que você tende a ater-se a essa tarefa tranquila e se dedicar se escolher uma atividade que goste de fazer. As sementes da criatividade podem ser plantadas de muitas formas; para você, pode ser ao passar cinco minutos colorindo com atenção plena, ao cozinhar de maneira criativa, ao ler um livro, ao testar uma nova sequência de ioga, ao escrever em um diário ou ao fazer o que quer que lhe agrade.

Muitos de nós internalizamos o clichê de que é preciso sofrer pela arte. No entanto, se sua arte se trata mais de sofrimento do que de diversão, então vale a pena considerar se você está no caminho errado. Naturalmente, nem todos os aspectos do processo criativo serão divertidos, e, em qualquer jornada criativa, haverá altos e baixos. O comprometimento refere-se a se ater ao processo e percorrer o pântano, porque você quer ver as incríveis paisagens do alto da montanha.

O comprometimento o ajuda a concluir um projeto. Por exemplo, imagine que você esteja tricotando um suéter e, então, chega a uma parte complicada que requer modelagem. Isso se torna mais difícil do que imaginava inicialmente, e você sente vontade de desistir. Você pode escolher deixar o tricô de lado e se esquecer dele - talvez tricotar não seja para você - ou pode entrar na internet e assistir a um vídeo no YouTube sobre como modelar um suéter e perseverar, até se orgulhar de vestir um lindo suéter único feito à mão. Se escolher a segunda opção, desenvolverá sua confiança, melhorará as suas habilidades e se fortalecerá para tentar novas empreitadas. O mesmo princípio se aplica a projetos maiores, como escrever um romance, pintar uma tela em tamanho real e compor uma sinfonia; comprometer-se com o projeto e estar preparado para resolver as dificuldades rendem resultados incríveis e, ao longo do percurso, o ajudarão a crescer e se desenvolver como pessoa.

Quando você determina sua intenção e se compromete com um projeto, cria as condições certas para milagres acontecerem! Conforme o alpinista William Hutchison Murray escreveu: "No momento em que uma pessoa se compromete definitivamente, a Providência também age. Todos os tipos de coisas acontecem para ajudar algo que nunca teria ocorrido de outra forma. Toda uma série de eventos emana da decisão, obtendo a seu favor todos os tipos de incidentes e encontros imprevistos e assistência material, que nenhum homem poderia ter sonhado que surgiriam em seu caminho".[28]

Então, quando trabalhamos com o terceiro chacra, descobrimos que a vontade, a determinação, a força e a persistência são nossas aliadas

28. MURRAY, William Hutchison. *The Scottish Himalayan Expedition*. London: J. M. Dent & Sons, 1951. p. 6-7.

no processo criativo. No entanto, perceba que a força bruta e a determinação rígida não o são. A musa não responde bem ao ser intimidada para atuar, e ela tende a recompensá-lo com uma ideia brilhante se você a convencer com o poder da bondade. A criatividade funciona melhor quando desaceleramos para a velocidade do corpo, em vez corrermos e tentarmos acompanhar a velocidade da mente. Se você se deparar se esforçando demais, e ficar impaciente e falhar em fazer as ideias surgirem, então pare, faça uma pausa, descanse um pouco, faça uma caminhada, encontre-se com algum amigo e, depois, volte renovado e pronto para tentar novamente. Sua outra opção, para momentos em que você se deparar entrando em um modo de determinação rígida, é reduzir uma engrenagem para o chacra sacral; voltar ao seu fluxo ou avançar para a engrenagem do chacra cardíaco; e dar a si mesmo e ao processo criativo um pouco de bondade amorosa.

Ioga Inspirada no Chacra do Plexo Solar

Este chacra é regido pelo Sol e seu elemento é o fogo. Nós podemos usar a imagem do Sol para trazer uma qualidade impetuosa e revigorante a uma prática de ioga inspirada no chacra do plexo solar. Durante a prática, visualizamos um Sol quente e brilhante no plexo solar, e imaginamos a luz do Sol irradiando calor e luz do nosso centro e ao redor do corpo. Estamos buscando encontrar o Sol no centro da nossa vida e irradiar essa luz no mundo.

Este chacra está relacionado a desenvolver a confiança e a assertividade, portanto, escolhemos posturas expansivas, que nos incentivam a ocupar espaço, como todas as versões da Postura do Guerreiro (*Virabhadrasana*) e da Postura do Triângulo (*Trikonasana*), e as combinamos com a imagem do Sol, criando uma sensação de irradiação nas posturas. Nós também usamos posturas de fortalecimento, como a Postura da Cadeira (*Utkatasana*) e a Postura da Prancha (*Chaturanga Dandasana*).

O mantra semente fortalecedor *Ram* (pronunciado como *rum*), associado a este chacra, pode ser usado como parte de uma meditação ou combinado com movimentos de ioga dinâmicos. Suavizamos a qualidade impetuosa do chacra do plexo solar incluindo o mantra semente misericordioso *Yam*, relacionado ao chacra cardíaco (*anahata*). A estabilidade é criada e nossa conexão com a terra é fortalecida ao entoarmos o mantra semente *Lam*, que é associado ao chacra raiz terrestre (*muladhara*).

O amarelo é a cor associada a este chacra, e acrescentamos um otimismo acolhedor e radiante à prática ao visualizarmos uma flor amarela no centro do plexo solar.

Prática de Ioga do Chacra do Plexo Solar

Você pode utilizar esta prática radiante sempre que quiser desenvolver a confiança, a coragem e a força interior. Ela o conectará com seu eu impetuoso e assertivo e, ao mesmo tempo, o ajudará a entrar em contato com seu coração amoroso. Ela é energizante, revitalizante e fundamentadora, além de criar estabilidade. Esta é a prática de ioga ideal sempre que você precisar ser estimulado e fortalecido.

As afirmações que usamos nesta prática são: "Meu Sol interior me fortalece"; e "Eu irradio amor e luz". Elas podem ser coordenadas com a respiração:

Inspire: "Meu Sol interior me fortalece".

Expire: "Eu irradio amor e luz".

Reserve de 20 a 30 minutos.

No final destas instruções, você encontrará um resumo ilustrado de toda a prática.

1. Exercício da Consciência do Chacra do Plexo Solar, Sentado

Encontre uma posição sentada confortável. Agora, conduza sua consciência para o plexo solar (a área abaixo do esterno, mas acima do umbigo). Mantenha sua consciência no plexo solar e repita silenciosamente a afirmação do chacra diversas vezes, coordenando-a com a respiração. Inspire e afirme: "Meu Sol interior me fortalece". Expire e afirme: "Eu irradio amor e luz".

Depois, esqueça-se da afirmação, e imagine um Sol irradiando calor, luz e energia no seu plexo solar.

Exercício da Consciência do Chacra do Plexo Solar, sentado.

2. Postura da Montanha (*Tadasana*) com Visualização do Sol

Permaneça na Postura da Montanha (*Tadasana*). No olho da sua mente, visualize o Sol no céu. Agora, imagine um Sol quente e brilhante no seu plexo solar, irradiando calor e luz.

Postura da Montanha com visualização do Sol.

3. Variação do Guerreiro 1 (*Virabhadrasana 1*)

Fique reto, com os pés afastados na largura do quadril, vire seu pé esquerdo ligeiramente para fora e dê um passo grande para a frente com a sua perna direita. Coloque as mãos sobre o plexo solar. Inspirando, flexione o seu joelho direito, abrindo bem os braços para os lados. Expirando, estique sua perna direita e coloque as mãos novamente sobre o plexo solar. Você pode coordenar a respiração com a afirmação. Inspire e afirme: "Meu Sol interior me fortalece". Expire e afirme: "Eu irradio amor e luz". Faça seis repetições desse lado e, depois, repita do outro lado.

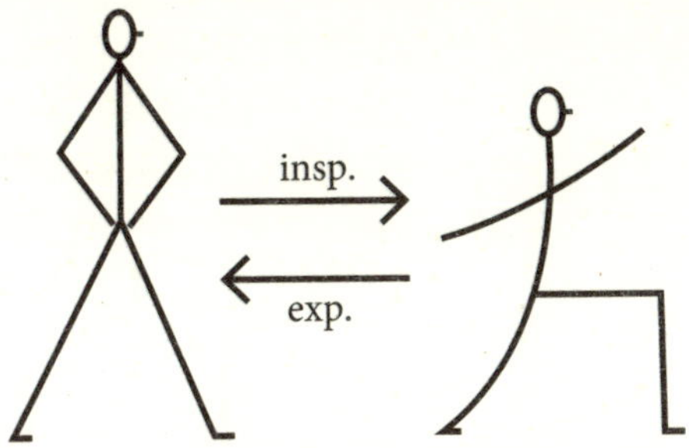

Variação do Guerreiro 1.

4. Guerreiro 1 (*Virabhadrasana 1*) com Visualização do Sol

Fique reto, com os pés afastados na largura do quadril, vire seu pé esquerdo ligeiramente para fora e dê um passo grande para a frente com a sua perna direita. Coloque os dois braços para cima, juntando as palmas das mãos (para uma postura mais suave, mantenha as mãos afastadas na largura dos ombros). Imagine um Sol quente e brilhante no seu plexo solar, irradiando calor e luz. Permaneça nessa postura durante algumas respirações. Repita do outro lado.

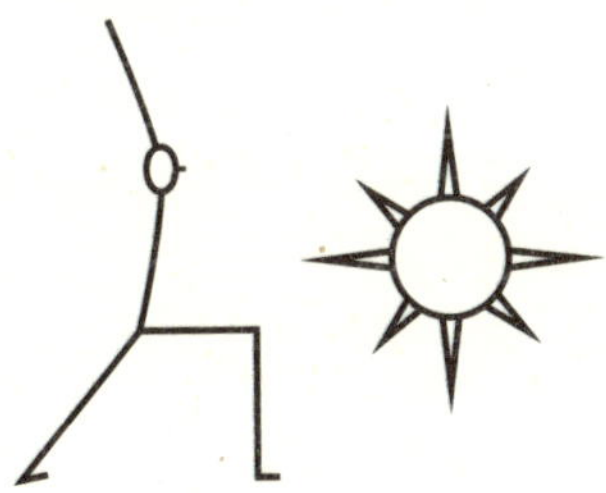

Guerreiro 1.

5. Sequência *Ram-Yam-Lam*

Fique reto, com os pés paralelos afastados aproximadamente na largura do quadril, com as mãos repousadas sobre o plexo solar. Inspire e abra bem os braços para os lados. Na expiração, entoe *Ram* (pronunciado como *rum*), conforme você leva suas mãos novamente para o plexo solar. Inspire, levando os braços para cima. Expire, abaixando os braços e cruzando as mãos sobre o coração, conforme entoa *Yam* (pronunciado como *yum*). Inspire, levando os braços para cima. Expire, ficando em na Flexão para a Frente em Pé (*Uttanasana*), entoando *Lam* (pronunciado como *lum*). Inspire e fique em pé de novo, levando ambos os braços acima da sua cabeça. Expire, abaixando as mãos novamente no plexo solar. Repita a sequência por mais três vezes.

Se você tiver pouco tempo, pode finalizar a sua prática neste ponto.

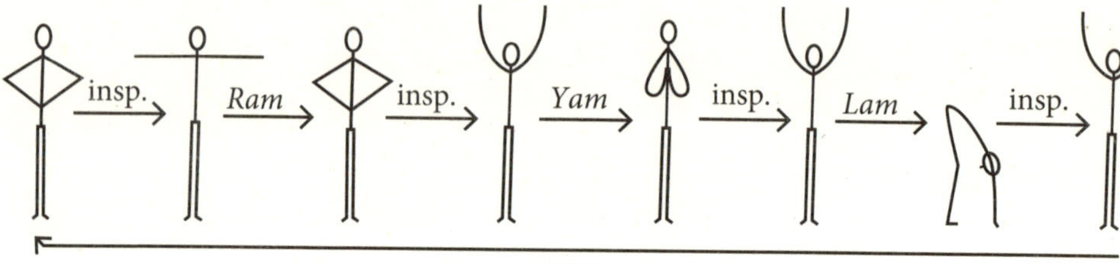

Sequência *Ram-Yam-Lam*.

6. Saudação ao Sol Fortalecedora (Variação de *Surya Namaskar*)

Repita de dois a quatro ciclos da seguinte sequência:

6a. Postura da Montanha (*Tadasana*) com Visualização do Sol

Permaneça na Postura da Montanha (*Tadasana*) com as mãos na Posição de Oração (*Namaste*). No olho da sua mente, visualize o Sol no céu. Agora, imagine um Sol quente e brilhante no seu plexo solar, irradiando calor e luz, e mantenha essa imagem na mente enquanto realiza a variação da Saudação ao Sol (*Surya Namaskar*).

Postura da Montanha.

6b. Postura da Cadeira (*Utkatasana*)

Fique reto, com os pés afastados na largura do quadril e ambos os braços acima da sua cabeça. Flexione os joelhos e abaixe o seu quadril, como se estivesse se sentando em um banco alto. Mantenha as orelhas entre os braços e não curve a parte superior das costas. Imagine que seu quadril está sendo puxado para baixo e que tudo acima da cintura está se esticando para cima. Permaneça nessa postura durante algumas respirações.

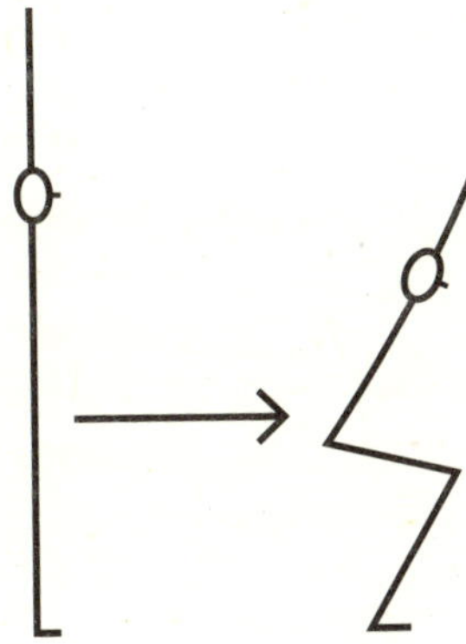

Postura da Cadeira.

6c. Flexão para a Frente em Pé (*Uttanasana*)

A partir da Postura da Cadeira (*Utkatasana*), permita que seu corpo se mova para a Flexão para a Frente em Pé (*Uttanasana*). Depois, flexione os joelhos e arqueie as costas, e volte para a flexão para a frente.

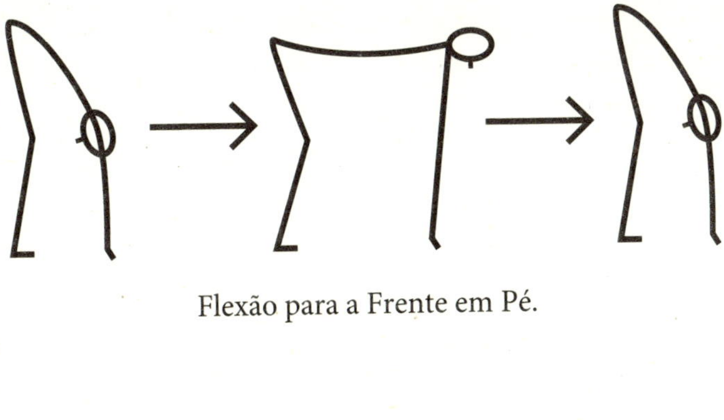

Flexão para a Frente em Pé.

6d. Postura da Prancha (*Chaturanga Dandasana*)

Coloque as pernas para trás, uma de cada vez, ficando na Postura da Prancha (*Chaturanga Dandasana*), mantendo o corpo todo alinhado.

Postura da Prancha.

6e. Postura da Prancha (*Chaturanga Dandasana*) a Meias Flexões

A partir da Postura da Prancha (*Chaturanga Dandasana*), abaixe os joelhos no chão na posição de meia flexão. Faça quatro flexões, mantendo a cabeça, o torso e as coxas alinhados. (Para uma versão mais intensa, mantenha as pernas esticadas e faça flexões completas.)

Postura da Prancha a Meias Flexões.

6f. Postura da Prancha (*Chaturanga Dandasana*) à Postura da Criança (*Balasana*)

A partir da Postura da Prancha (*Chaturanga Dandasana*), abaixe os joelhos no chão, sentando-se na Postura da Criança (*Balasana*), e repouse nessa postura durante algumas respirações.

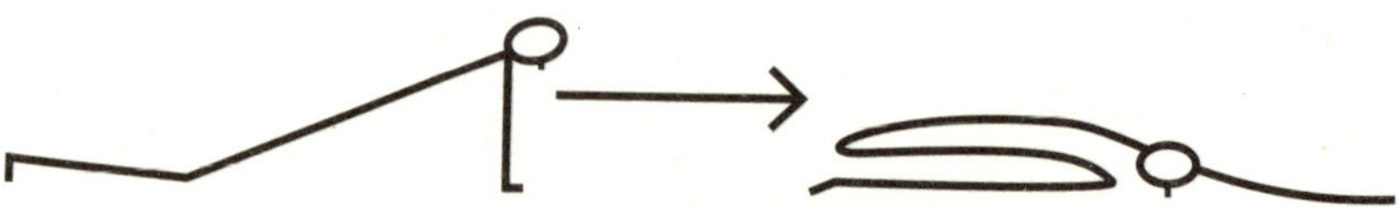

Postura da Prancha à Postura da Criança.

6g. Postura da Criança (*Balasana*) à Postura do Cachorro Olhando para Cima (*Urdhva Mukha Svanasana*)

A partir da Postura da Criança (*Balasana*), fique na Postura do Cachorro Olhando para Cima (*Urdhva Mukha Svanasana*).

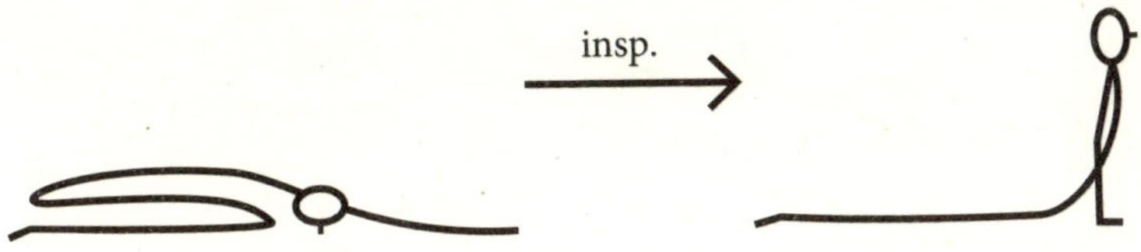

Postura da Criança à Postura do Cachorro Olhando para Cima.

6h. Postura do Cachorro Olhando para Baixo (*Adho Mukha Svanasana*)

A partir da Postura do Cachorro Olhando para Cima (*Urdhva Mukha Svanasana*), vire os dedos dos pés para baixo e dobre-se na Postura do Cachorro Olhando para Baixo (*Adho Mukha Svanasana*). Permaneça nessa postura durante algumas respirações.

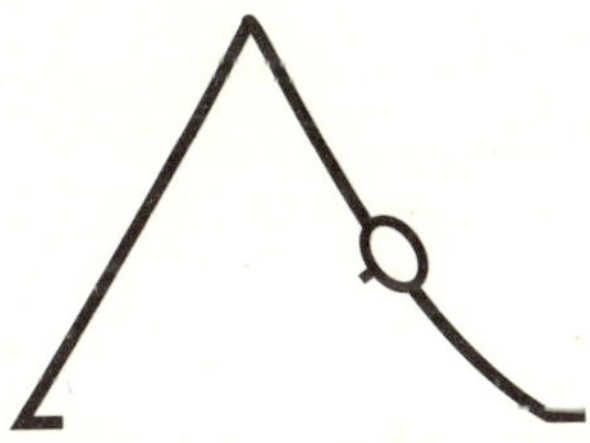

Postura do Cachorro Olhando para Baixo.

6i. Postura de Estocada (*Anjaneyasana*)

A partir da Postura do Cachorro Olhando para Baixo (*Adho Mukha Svanasana*), coloque seu pé direito para a frente, na Postura de Estocada (*Anjaneyasana*).

Postura de Estocada.

6j. Flexão para a Frente em Pé (*Uttanasana*)

Coloque o pé de trás na frente, ficando na Flexão para a Frente em Pé (*Uttanasana*). Flexione os joelhos e arqueie as costas. Volte para a Flexão para a Frente em Pé e permaneça nessa posição durante algumas respirações.

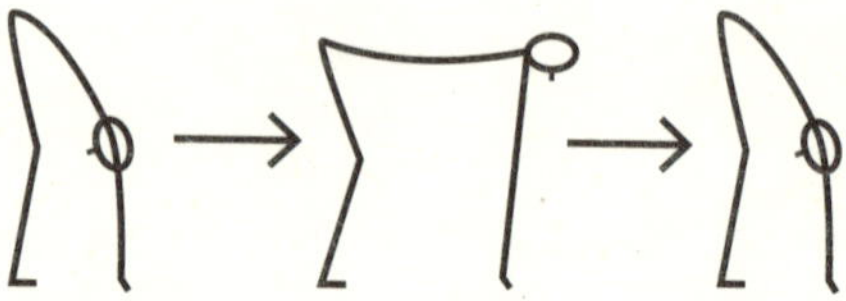

Flexão para a Frente em Pé.

6k. Postura da Montanha (*Tadasana*) com Visualização do Sol

A partir da Flexão para a Frente em Pé, estenda os braços para os lados, acima da cabeça, ficando em pé de novo. Abaixe as mãos novamente na Posição de Oração (*Namaste*) e repouse nessa posição durante algumas respirações. Enquanto repousa, imagine um Sol quente e brilhante no seu plexo solar, irradiando calor e luz, e mantenha essa imagem na mente enquanto realiza outro ciclo da Saudação ao Sol. Realize entre dois e quatro ciclos.

Finalize neste ponto ou siga para o passo 7.

Postura da Montanha com visualização do Sol.

7. Flexão para a Frente Sentado (*Paschimottanasana*) e Mantra *Ram*

Sente-se reto, com as pernas esticadas (flexione os joelhos para facilitar a postura). Conduza sua consciência para o plexo solar. Imagine um Sol quente e radiante nele. Inspire e levante os braços. Mantendo sua consciência no plexo solar, expire e entoe o mantra *Ram* (pronunciado como *rum*). No fim da expiração, quando completar a entoação, curve-se para a frente, sobre as pernas. Inspire e retorne para a posição inicial. Repita por seis vezes e, na última vez, permaneça durante algumas respirações na Flexão para a Frente Sentado. Observação: nunca force a respiração. Faça respirações adicionais se precisar.

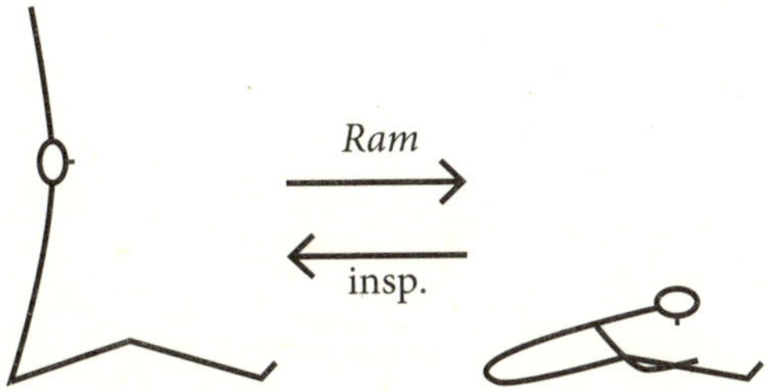

Flexão para a Frente Sentado e mantra *Ram*.

8. Sequência do Chacra Cardíaco

Comece na Postura da Criança (*Balasana*), com os antebraços e as mãos no chão, logo acima da sua cabeça. Inspire e volte a ficar ajoelhado e reto, levando seus braços para cima da sua cabeça. Expire, entoando o mantra *Yam* (pronunciado como *yum*), conforme você cruza suas mãos e as coloca em seu coração. Inspire, levantando os braços acima da sua cabeça novamente. Expire, voltando para a Postura da Criança. Repita a sequência por seis vezes.

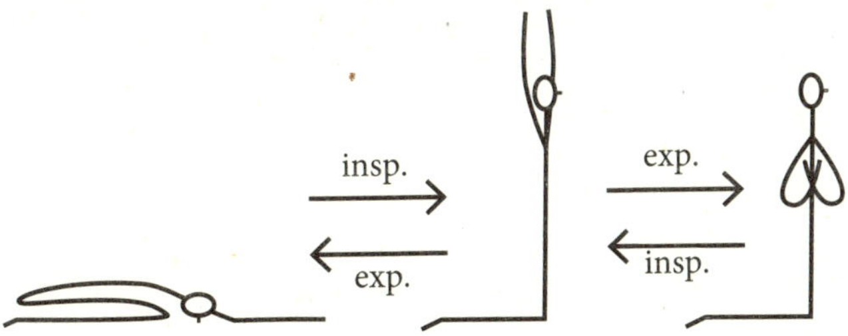

Sequência do Chacra Cardíaco.

9. Relaxamento Curto ou Meditação do Chacra do Plexo Solar

Você pode finalizar sua prática neste ponto com um relaxamento curto na Postura de Relaxamento (*Savasana*); ou se sentar e realizar a Meditação do Chacra do Plexo Solar, apresentada a seguir.

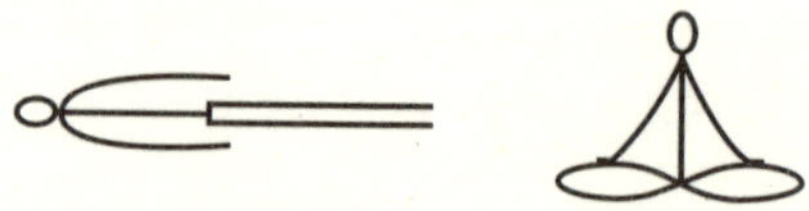

Relaxamento curto ou Meditação do Chacra do Plexo Solar.

Resumo da Prática de Ioga do Chacra do Plexo Solar

1. Exercício da Consciência do Chacra do Plexo Solar.
2. Postura da Montanha com visualização do Sol.
3. Variação do Guerreiro 1 × 6. Inspire: "Meu Sol interior me fortalece". Expire: "Eu irradio amor e luz". Repita do outro lado.
4. Guerreiro 1 com visualização do Sol.
5. Sequência *Ram-Yam-Lam* × 4. *Finalize neste ponto se você tiver pouco tempo.*
6. Saudação ao Sol Fortalecedora × 2-4 ciclos. *Finalize neste ponto ou siga para o passo 7.*
7. Flexão para a Frente Sentado e mantra *Ram* × 6.
8. Sequência do Chacra Cardíaco × 6.
9 .Relaxamento curto ou Meditação do Chacra do Plexo Solar.

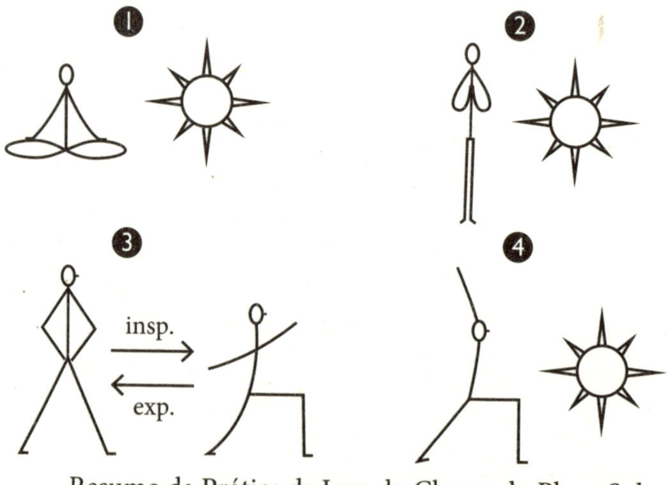

Resumo da Prática de Ioga do Chacra do Plexo Solar.

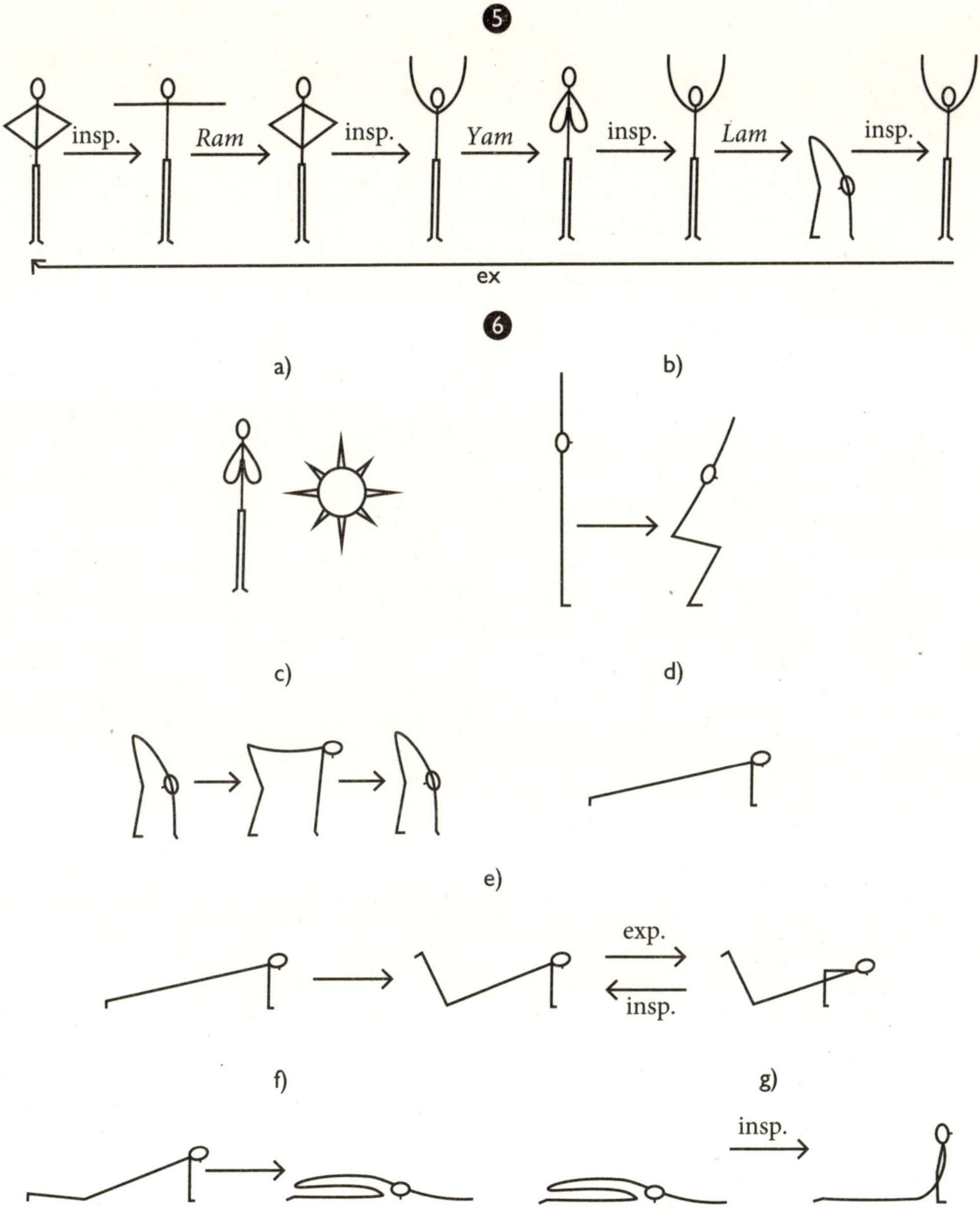

Resumo da Prática de Ioga do Chacra do Plexo Solar (continuação).

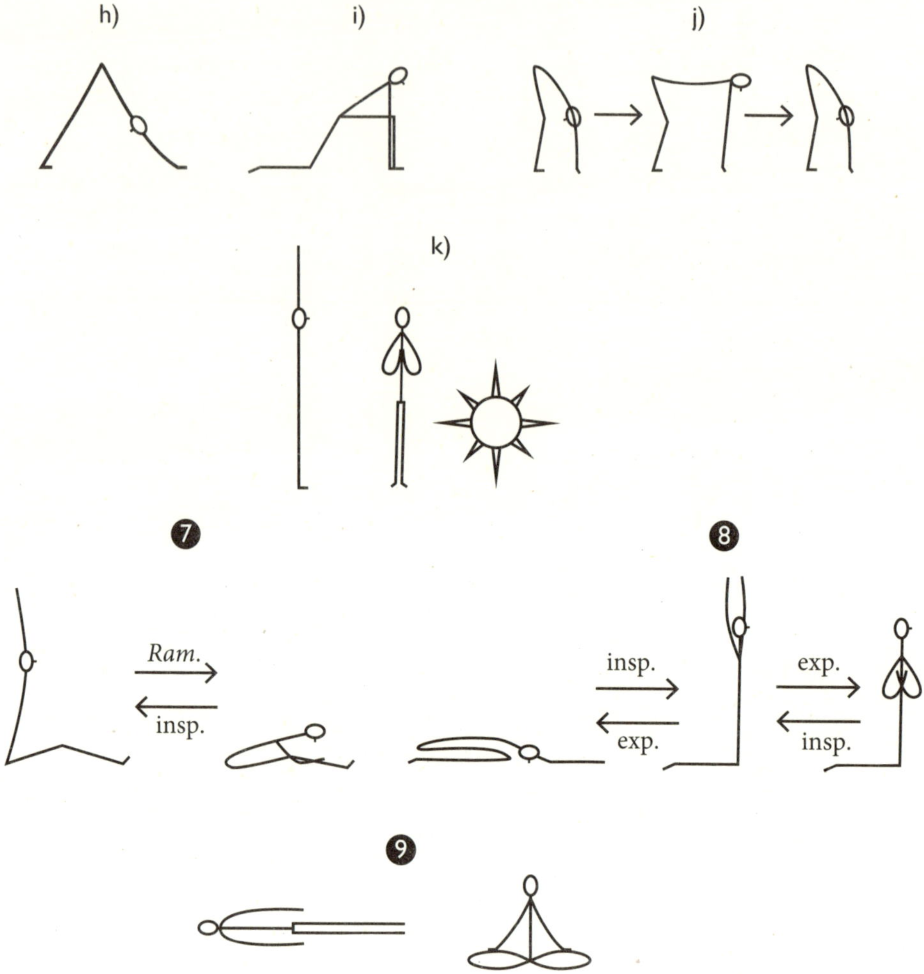

Resumo da Prática de Ioga do Chacra do Plexo Solar (continuação).

MEDITAÇÃO

Meditação do Chacra do Plexo Solar

Esta meditação pode ser utilizada para iniciar ou finalizar uma sessão de ioga, e também pode ser usada sozinha, como uma prática independente.

Você pode utilizar esta meditação radiante sempre que sentir que uma nuvem está pairando em cima de você, e sua energia radiante dispersará as nuvens de tempestade e fará se sentir mais forte e mais feliz. Ela é energizante, revitalizante, revigorante e fortalecedora.

Encontre uma posição sentada ou deitada confortável. Agora, conduza sua consciência para o plexo solar (a área abaixo do esterno, mas acima do umbigo), que é a parte do corpo associada a este chacra.

Mantenha sua consciência no plexo solar e visualize uma flor amarela. Imagine a cor e o formato da flor. Perceba se ela está aberta ou em botão. Desfrute da beleza da flor.

Agora, deixe de imaginar a flor e, mantendo sua consciência no plexo solar, repita silenciosamente a afirmação para a prática diversas vezes, coordenando-a com a respiração:

Inspire: "Meu Sol interior me fortalece".

Expire: "Eu irradio amor e luz".

Depois, esqueça-se da afirmação, e imagine um Sol irradiando calor, luz e energia no seu plexo solar. Imagine que, enquanto você inspira, está inspirando o Sol no seu plexo solar e, enquanto expira, está expirando a partir dele. Repita durante algumas respirações. Agora, mentalize que, em cada inspiração, o Sol é estimulado, e, em cada expiração, o Sol se expande e brilha um pouco mais.

Inspire: estimular.

Expire: expandir.

Após respirar algumas vezes dessa forma, comece a transmitir os raios de cura do Sol por todo o seu corpo. A cada inspiração, o Sol é recarregado, e, a cada expiração, o Sol está irradiando raios de luz de cura por todo o corpo.

Inspire: recarregar.

Expire: irradiar.

Agora, esqueça-se da imagem do Sol, mas mantenha a sua consciência repousada na área do plexo solar. Inspire e, na expiração, repita silenciosamente o mantra *Ram* (pronunciado como *rum*). Repita por diversas vezes. Depois, se você estiver sentado, repita o mantra em voz alta várias vezes.

Quando você estiver pronto, pare de entoar o mantra. Desfrute do silêncio. Resolva levar essa atitude radiante e fortalecida para a próxima coisa que fizer no seu dia.

EXERCÍCIO

Meditação em Movimento do Chacra do Plexo Solar Movida pelo Sol

Você pode realizar esta meditação em movimento sempre que precisar potencializar sua confiança ou melhorar seu ânimo. Idealmente, caminhe ao ar livre.

No começo da sua caminhada, pense sobre sua postura. Fique reto, com a cabeça erguida e com os ombros para trás, abaixados. Pergunte a si mesmo: "Como eu caminharia se fosse uma pessoa muito confiante?". Então, caminhe dessa forma bem confiante!

Imagine um Sol quente e brilhante no seu plexo solar, irradiando calor e luz, e mantenha essa imagem na mente conforme você caminha. Apesar de, em geral, desacelerarmos o ritmo para uma meditação em movimento, para esta meditação vamos caminhar rapidamente. Se você passar por outra pessoa que esteja caminhando, se parecer certo fazer isso, sorria e a cumprimente. Compartilhe sua atitude acolhedora e radiante com os outros!

Se o dia estiver ensolarado, esteja ciente do calor do Sol na sua pele ou da luz do Sol dançando sobre a água. Perceba a luz do Sol e a sombra. Se o dia não estiver ensolarado, lembre-se de que o Sol ainda está presente por trás das nuvens.

Se você estiver caminhando em um ritmo rápido, desacelere-o gradativamente para seu ritmo de caminhada habitual. Resolva levar essa atitude radiante e confiante para o resto do seu dia.

MEDITAÇÃO

Meditação Escrita do Chacra do Plexo Solar

Para instruções completas sobre como realizar uma meditação escrita, veja a seção Meditação Escrita com Foco (página 71).

Programe seu temporizador para 10 a 20 minutos e escreva, de forma meditativa, sobre um destes assuntos:

- Fogo.
- Poder.
- O Sol.
- Amarelo.
- Assertividade.

Se escrever não for seu estilo, sinta-se livre para trabalhar com os tópicos anteriores por qualquer outro meio. Por exemplo, pinte um quadro, faça uma colagem, componha uma música ou tire algumas fotos, trabalhando com os temas anteriores.

Perguntas Meditativas do Chacra do Plexo Solar

Para instruções completas sobre como utilizar as perguntas meditativas, veja a página 75.

- O que ativa minha criatividade?
- Eu sou capaz de defender minha necessidade criativa de tempo, espaço e recursos?
- Quem são as referências que inspiram minha criatividade?
- Quão resiliente eu sou quando lido com críticas sobre meu trabalho?
- O que eu precisaria fazer para cultivar uma autoconfiança e uma crença em mim mesmo inabaláveis?

Capítulo 8

Chacra Cardíaco (*Anahata*)

Localize o Coração Amoroso no Centro da Criatividade

O símbolo do chacra cardíaco.

Este chacra traz vida e amor para suas criações. Ele o ajuda a encontrar um ponto de equilíbrio entre o céu e a terra, resultando em suas criações serem harmoniosas e equilibradas. Trabalhar com este chacra o ensina a demonstrar compaixão e amor a si mesmo e aos outros ao trilhar o caminho criativo.

O Chacra Cardíaco em Resumo

Nome em sânscrito: *Anahata* (roda do som não percutido).

Localização física: centro do peito, pulmões, sistema cardiovascular.

Elemento: ar.

Cor: rosa ou verde.

Iantra: hexágono.

Mantra semente: *Yam* (pronunciado como *yum*).

Afirmações: "Meu coração espaçoso contém tudo." "Meu coração amoroso cura tudo."

Preocupações criativas principais: ser guiado pelo coração, a fim de criar um trabalho nobre e transformador, que une o material e o espiritual, proporcionando paz e cura.

Equilíbrio: você encontra um equilíbrio saudável entre dar e receber amor, é misericordioso consigo mesmo e com os outros, tem empatia; em contato com as emoções, o coração e a mente trabalham juntos, tem bom equilíbrio entre o trabalho e a vida, senso de equidade, critica a injustiça, é altruísta, equilibra fazer com simplesmente existir.

Excesso: é carente, busca nos outros a realização e a concretização, demonstra codependência, vício e falta de autoestima; falha em estabelecer limites, é sentimental, muito preocupado com o amor romântico, idealista.

Deficiência: é defensivo, distante, solitário, com medo de se machucar, rígido, tenso, retraído, cínico, desiludido, incapaz de dar ou receber amor.

Questões da vida: desenvolver relacionamentos amorosos e saudáveis, unir o espiritual e o material, encontrar equilíbrio, estabelecer ritmos saudáveis que equilibram o trabalho e o lazer, criar um mundo correto e justo.

Práticas de cura: relaxamento, meditação, autocompaixão consciente, atenção plena, *pranayama*, exercício cardiovascular, riso, busca da beleza, estar na natureza, ter consciência dos biorritmos, consciência dos ciclos sazonais da natureza, observar os ciclos lunares, dar e receber amor, atos de bondade aleatórios, trabalhar pela paz e pela justiça, conectar-se com qualquer forma de arte, literatura ou música que fale à sua alma.

Encontre Sua Pulsação Criativa

No centro de toda a nossa vida, existe a dança do coração pulsante. A criatividade, bem como as batidas do coração, possui um ritmo e uma pulsação: isso se alterna entre períodos de fazer e momentos de simplesmente existir. A sociedade privilegia uma atividade incessante, portanto, parar e simplesmente existir é ir contra a maré. Todavia, uma atividade ininterrupta nem sempre produz o melhor trabalho. Como vários escritores, muitas vezes considero que minhas melhores ideias surgem nesses momentos intermediários, quando estou caminhando, tomando banho ou fazendo alguma tarefa doméstica rotineira.

Tudo se move em ciclos. A Terra gira ao redor do Sol, a noite vem depois do dia, as estações mudam – primavera, verão, outono e inverno –, e, então, a primavera surge de novo. É a dança da vida, a pulsação da vida. O caminho da natureza é de períodos de atividade seguidos por períodos de descanso. Uma atividade incessante esgota o impulso criativo. É importante ter um intervalo de descanso após períodos de atividade intensa. Nós nos esvaziamos, a fim de criar espaço para receber novamente. A inspiração criativa não pode ser forçada; ela é um estado de graça. Você pode se esforçar para criar as condições certas para a inspiração surgir, mas algumas vezes isso é uma questão de esperar pacientemente, escutar e se permitir ser preenchido.

A criatividade gosta de fluir. Um coração contraído é um obstáculo para o fluxo livre da energia criativa. Respire. O caminho natural de todas as coisas é o fluxo e o refluxo. Uma pulsação, uma expansão, seguida de uma condensação. Períodos de atividade seguidos por períodos de descanso. A impaciência em relação ao ritmo criativo pode nos fazer tentar forçar o processo. Algumas vezes isso funciona e resulta em um avanço. No entanto, a fim de sustentar uma prática criativa antiga, é importante respeitar a pulsação do processo criativo. Pressionar e ceder.

Quando ficamos impacientes, nossa respiração muitas vezes se torna superficial e contraída. Acompanhando o fluxo natural da respiração, retornamos a um estado receptivo, no qual as ideias podem fluir de novo. Inspire, pause, expire, pause. Não devemos forçar a respiração; simplesmente observamos que, no fim de cada inspiração, antes de expirarmos, há uma pausa natural. E, no fim de cada expiração, antes de inspirarmos, existe uma pausa natural. A pausa é um momento espaçado, no qual podemos descansar e esperar, confiando no processo da respiração. Inspirando, expandimos e absorvemos energia vital. Expirando, nós nos libertamos e relaxamos. No final da expiração, fazemos uma pausa, relaxamos e permitimos que a inspiração nos preencha, nos inspire. Somos literalmente inspirados!

Os pulmões são como balões. Eles são preenchidos pelo ar, e, depois, como foles, são esvaziados. É a pulsação da vida, alternando entre vazio e cheio. Dar e receber. A pausa significativa. Escute seu coração, permita que ele o guie em seu caminho, e seu percurso será sincero.

Qual é seu ritmo criativo? Qual é a pulsação no coração da sua prática criativa? O chacra cardíaco busca equilíbrio, homeostase e estabilidade. Lembre-se de alimentar sua criatividade absorvendo o nutriente do mundo ao seu redor, e, então, devolva ao mundo o dom das suas criações feitas com amor. Fazendo uma pausa e esperando ser preenchido, você abre o caminho para a energia divina ser canalizada por seu intermédio. Escute, escute seu coração pulsante. Busque e encontre paixão, união, relacionamento e compaixão. Ofereça e receba. Permita-se ser preenchido, receber graça.

Localize o Coração Pulsante da Sua Criatividade

O que representa o coração pulsante no centro da sua criatividade? O que o motiva a passar horas, dias, meses e até mesmo anos em seus esforços criativos? O que você ama? Qual é sua paixão? O que dá vida às suas criações?

O coração é o mediador, circula ideias e bombeia alma para suas criações. Como uma pessoa criativa, você está cuidando de si mesmo? Você está equilibrando e acompanhando suas necessidades físicas, mentais, emocionais e espirituais? Cuidar de si é como nutrir o solo do seu jardim para que plantas saudáveis possam crescer.

Kintsugi é a arte japonesa de reparar cerâmicas quebradas usando cola com pó de ouro, destacando as rachaduras e os reparos. Dessa forma, aquilo que se quebrou é celebrado como um objeto de beleza. A compaixão por nós e pelos outros surge no nosso coração quando a vida é vivida por nós mesmos, e isso é o pó de ouro na cola, o que proporciona humanidade às nossas criações. Quando o coração está no centro da nossa criatividade, nosso trabalho é fundamentado em uma realidade material e elevado a níveis espirituais. O coração cura a fenda entre inferior e superior, material e espiritual, terra e céu. Onde o coração encontra fragmentação e fragilidade, ele cola as partes dispersas novamente, iluminando a junção cicatrizada com pó de ouro. O que está quebrado é restaurado e restituído pelos nossos esforços criativos sinceros.

A criatividade é paixão, amor e cura. A fim de que sua criatividade possa ser sincera, ela deve vir de um lugar de amor. Esse não é um amor sentimental, mas um amor destemido e corajoso, uma força de luta por justiça, paz, igualdade e um mundo mais justo. Ao mesmo tempo, a criatividade muitas vezes é surreal, irracional, amoral e uma expressão de uma fonte de sabedoria mais profunda. Nossa capacidade de demonstrar amor e compaixão a nós mesmos e aos outros é um marcador de sucesso, tanto quanto nossas realizações externas. O chacra cardíaco é a entrada para o amor e os relacionamentos. Vamos criar de uma forma sincera.

O coração amoroso retém nossa raiva, o nosso medo e nossa dúvida. Ao mesmo tempo, ele nos lembra daquilo que foi perdido, o que é belo e bom, e nos apresenta um mundo pelo qual vale a pena lutar. Nosso trabalho pode ter iniciado como uma espécie de catálogo, mostrando tudo o que está errado no mundo, mas olhamos para o coração, a fim de nos recordamos de que as forças do amor são mais fortes do que as do ódio. O amor sustenta os nossos esforços; o amor retém nosso sofrimento; o amor nos oferece um bálsamo de cura.

A criatividade necessita de amplitude e espaço para respirar. A criatividade que vem do coração amoroso é sustentável e ainda pode ser inovadora, desafiadora e subversiva. Nós estamos certos em ficarmos com raiva da injustiça. Nós estamos certos em canalizar nossa criatividade para promover mudança, mas não queremos que as forças do ódio vençam nosso coração. Um coração amoroso observa todos os infortúnios no mundo, mas, ao mesmo tempo, tem uma visão de como seria um mundo correto e justo. Justiça ou é apenas assim? A criatividade é a força para mudar. O coração equilibra tudo.

Ioga Inspirada no Chacra Cardíaco

O chacra cardíaco faz a mediação entre os mundos da matéria e do espírito, criando um caminho energético na forma do número oito, que flui entre os chacras inferiores e básicos e os chacras superiores e celestiais. Os três chacras "inferiores", abaixo do coração, estão associados às preocupações materiais e terrenas, e os três chacras "superiores", acima do coração, estão relacionados às questões mais espirituais.

Ao trabalhar com o chacra cardíaco, é importante manter uma consciência dos chacras acima e abaixo do coração. Esteja ciente de onde seu corpo entra em contato com a terra e relaxe nesse apoio, enquanto simultaneamente percebe o espaço ao redor do seu corpo e se sente expandindo para esse espaço. O *Chandogya Upanishad* afirma que "o pequeno espaço dentro do coração é tão grande quanto este vasto universo. Os céus e a terra estão nele, e o Sol, e a Lua, e as estrelas... o universo inteiro... residem dentro do nosso coração".[29]

Os elementos associados aos chacras anteriores eram a terra, a água e o fogo, e, agora, com o chacra cardíaco, avançamos para a intangibilidade do ar. Acima de tudo, com este chacra, ficamos cientes da respiração, pois a respiração é o cordão umbilical que nos conecta à vida em si. Na prática de ioga do chacra cardíaco a seguir, usamos a respiração para criar

29. MASCARO, Juan (trad.). *The Upanishads*. London: Penguin, 1965. p. 120.

uma sensação de amplitude e liberdade. Nós também nos conectamos com a beleza e a sensação do florescimento do coração, visualizando uma flor de lótus rosa em um leito de folhas verdes. Rosa e verde são as cores associadas ao chacra cardíaco.

Os chacras abaixo do coração estão relacionados ao amor tribal, ao amor sexual e ao amor-próprio, enquanto o chacra cardíaco está associado ao amor incondicional. Na nossa prática de ioga, quando trabalhamos com o chacra cardíaco, escolhemos posturas para abrir o coração, como a Postura da Cobra (*Bhujangasana*), a Postura da Esfinge (*Salamba Bhujangasana*) e a Postura do Arco (*Dhanurasana*). Também utilizamos posturas que enraízam, centralizam e alinham o corpo, de acordo com a natureza equilibradora do centro do coração.

Quando trabalhamos com o centro do coração, nós nos abrimos ao potencial de uma cura emocional poderosa. Na nossa prática, cultivamos uma noção de o coração ser capaz de conter todas as nossas emoções, mesmo aquelas que são mais perturbadoras e dolorosas. Nosso coração espaçoso retém os nossos sofrimentos, e o nosso coração amoroso os cura. Podemos estimular esse processo, tornando nosso diálogo interno bondoso e compassivo, ao conversarmos com nós mesmos com o mesmo amor e compreensão que demostraríamos a um bom amigo.

Prática de Ioga do Chacra Cardíaco

Esta prática cria uma sensação de equilíbrio mental e físico, abrindo suavemente o coração. Ela cria uma sensação de amplitude, abrindo-nos para recebermos uma inspiração inovadora. Esta prática também ensina a você a habilidade estimulante de conter e curar suas emoções no centro do coração, promovendo o processo de cura.

As afirmações que usamos nesta prática são: "Meu coração espaçoso contém tudo"; e "Meu coração amoroso cura tudo". Elas podem ser coordenadas com a respiração:

Inspire: "Meu coração espaçoso contém tudo".

Expire: "Meu coração amoroso cura tudo".

Reserve de 20 a 30 minutos.

No final destas instruções, você encontrará um resumo ilustrado de toda a prática.

1. Exercício da Consciência do Chacra Cardíaco

Encontre uma posição deitada confortável, certificando-se de que esteja simetricamente alinhado. Conduza sua consciência para o centro do seu coração e repita silenciosamente a afirmação do chacra cardíaco algumas vezes, coordenando-a com a respiração. Inspire e afirme: "Meu coração espaçoso contém tudo". Expire e afirme: "Meu coração amoroso cura tudo".

Agora, torne-se ciente do fluxo natural da sua respiração, observando a respiração sem um padrão imposto a ela. A cada respiração, perceba o ventre subindo e descendo, e o peito se expandindo e se comprimindo. Siga toda a extensão da inspiração e toda a extensão da expiração. Se sua mente divagar, traga-a gentilmente de volta, a fim de percorrer as ondas da respiração.

No final da próxima inspiração, observe que existe uma pausa antes de você expirar, e, no final da expiração, perceba que há uma pausa antes de você inspirar. Simplesmente observe a pausa e relaxe durante ela. Não há necessidade de forçá-la. Permita que ela seja tranquila e sem esforço. No final de cada expiração, relaxe conscientemente seu ventre e permita que a inspiração surja da pausa, sem esforço da sua parte. Crie espaço e seja inspirado pela respiração.

Exercício da Consciência do Chacra Cardíaco.

2. Postura de Joelhos no Peito (*Apanasana*) a Elevações de Pernas

Leve ambos os joelhos até seu peito. Inspire e estique suas pernas verticalmente, com os calcanhares para cima, levando os braços para os lados, logo abaixo da altura dos ombros, com as palmas viradas para cima. Expire e leve os joelhos de volta para o peito e as mãos de volta para os joelhos. Inspire e afirme: "Meu coração espaçoso contém tudo". Expire e afirme: "Meu coração amoroso cura tudo". Repita por seis vezes.

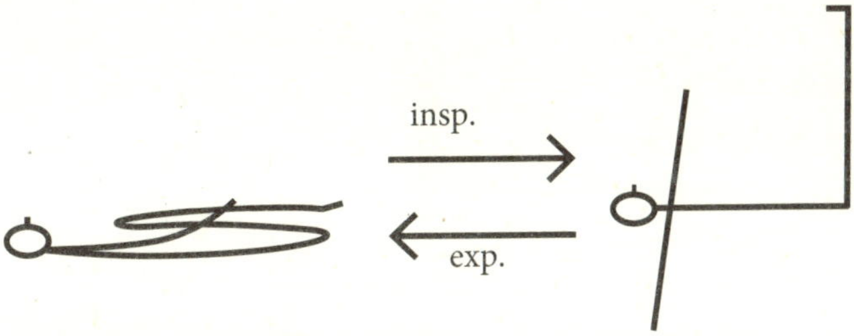

Postura de Joelhos no Peito a elevações de pernas.

3. Postura do Gato (*Marjaryasana*) à Postura da Criança (*Balasana*)

Fique na postura de quatro apoios. Expirando, curve as costas na Postura do Gato e abaixe o quadril até os calcanhares e a cabeça até o chão, na Postura da Criança. Faça uma pausa. Inspirando, volte para a postura de quatro apoios. Ao se movimentar, esteja ciente da pausa natural que ocorre no final da expiração e da inspiração. Repita por seis vezes.

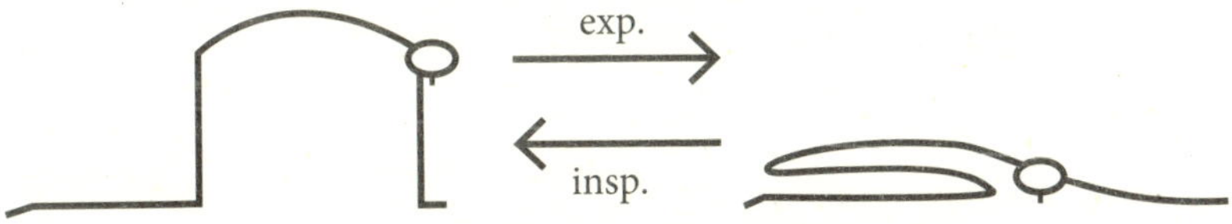

Postura do Gato à Postura da Criança.

4. Postura da Montanha (*Tadasana*)

Fique reto, com os pés paralelos afastados aproximadamente na largura do quadril. Esteja ciente do contato entre seus pés e a terra embaixo de você. Imagine um fio preso na coroa da sua cabeça, puxando-o levemente para cima; simultaneamente, permita que seu cóccix abaixe e sinta seus calcanhares se enraizando na terra. Esteja ciente do espaço ao seu redor. Inspire e afirme: "Meu coração espaçoso contém tudo". Expire e afirme: "Meu coração amoroso cura tudo". Repita por seis vezes.

Postura da Montanha.

5. Variação do Guerreiro 1 (*Virabhadrasana* **1**)

Fique reto, com os pés afastados na largura do quadril, vire seu pé esquerdo ligeiramente para fora e dê um passo grande para a frente com a sua perna direita, com as mãos cruzadas sobre seu coração. Inspirando, flexione seu joelho direito, abrindo bem os braços para os lados. Expirando, entoe o mantra *Yam* (pronunciado como *yum*), enquanto estica a sua perna direita e cruza as mãos sobre seu coração. Inspirando, flexione o joelho direito, desta vez levando os braços acima da cabeça. Expirando, entoe o mantra *Yam*, enquanto estica sua perna direita e cruza suas mãos sobre seu coração. Repita a sequência completa por quatro vezes. Repita do outro lado.

Variação do Guerreiro 1.

6. Postura do Dançarino (*Natarajasana*)

Fique reto, com os pés afastados na largura do quadril e os braços para os lados. Flexione o seu joelho direito e, com a mão direita, segure o seu tornozelo. Leve o braço esquerdo para cima da cabeça. Depois, incline o torso para a frente, estendendo o pé de trás para cima e para longe de você, e inclinando-se para a frente e para cima com o braço oposto. Permaneça nessa postura durante algumas respirações e, então, repita do outro lado. Se você tiver problemas de equilíbrio, pratique esta postura de frente para uma parede, com a mão estendida apoiada nela.

Postura do Dançarino.

7. Saudação ao Sol no Chão (Variação de *Surya Namaskar*)

Os passos a seguir são para a Saudação ao Sol (variação de *Surya Namaskar*):

7a. Ajoelhamento Reto com Afirmação

Fique ajoelhado e reto. Cruze suas mãos sobre o seu coração e repita silenciosamente a afirmação: "Meu coração espaçoso contém tudo. Meu coração amoroso cura tudo".

Ajoelhamento reto.

7b. Ajoelhamento Reto à Postura da Criança (*Balasana*)

Inspire, levando ambos os braços acima da sua cabeça. Expire, curvando-se para a frente na Postura da Criança (*Balasana*).

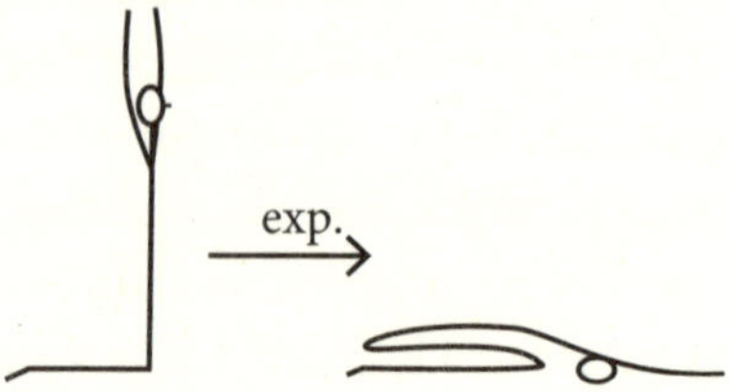

Ajoelhamento reto à Postura da Criança.

7c. Postura de Quatro Apoios à Postura do Cachorro Olhando para Baixo (*Adho Mukha Svanasana*)

Inspire, ficando na postura de quatro apoios, e vire os dedos dos pés para baixo. Expirando, faça a Postura do Cachorro Olhando para Baixo (*Adho Mukha Svanasana*).

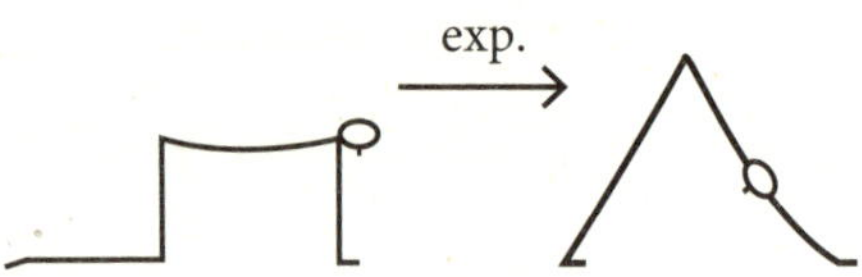

Postura de quatro apoios à Postura do Cachorro Olhando para Baixo.

7d. Postura do Cachorro Olhando para Cima (*Urdhva Mukha Svanasana*)

A partir da Postura do Cachorro Olhando para Baixo (*Adho Mukha Svanasana*), inspire e mude para a Postura do Cachorro Olhando para Cima (*Urdhva Mukha Svanasana*).

Postura do Cachorro Olhando para Cima.

7e. Realize a Sequência na Ordem Inversa

Refaça a sequência na ordem inversa. Expire na Postura do Cachorro Olhando para Baixo (*Adho Mukha Svanasana*). Inspire, voltando para a postura de quatro apoios. Expire na Postura da Criança (*Balasana*). Inspire, voltando para o ajoelhamento reto e levantando os braços acima da cabeça; expire e coloque novamente as mãos sobre o coração. Repita a sequência por quatro ou seis vezes. (Se você preferir, tudo bem ignorar a orientação sobre a respiração que é dada nesta sequência. Faça respirações adicionais se precisar. Nunca force a respiração.)

8. Variação da Postura do Arco (Variação de *Dhanurasana*)

Deite-se de frente, com os braços para os lados. Inspirando, levante seu peito, enquanto flexiona ambos os joelhos. Expirando, abaixe o peito e estique as pernas de volta para o chão. Repita por seis vezes, mantendo-se na postura final durante algumas respirações.

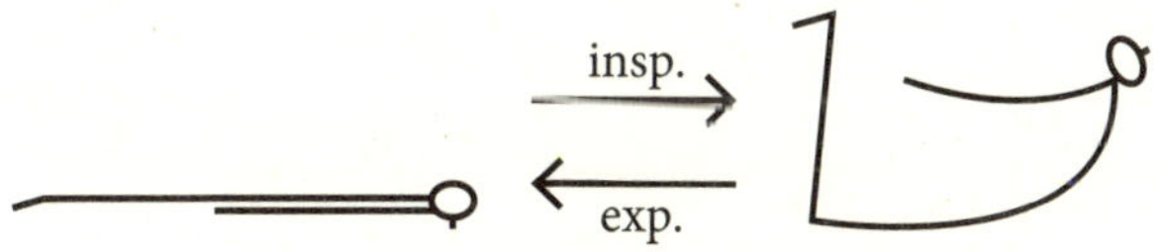

Variação da Postura do Arco.

Se você quiser trabalhar em um nível mais leve, pule o passo 9 e vá diretamente para a Postura da Esfinge ou repita a variação da Postura do Arco.

9. Postura do Arco (*Dhanurasana*)

Deite-se de frente, com os braços para os lados. Flexione ambos os joelhos e segure os tornozelos. Levante seu peito e seus joelhos, afastando-os do chão, e coloque levemente os ombros para trás, a fim de abrir o peito. Se estiver confortável, permaneça nessa postura durante algumas respirações. Depois, abaixe-se até o chão, solte os tornozelos, estique as pernas no chão e vire sua cabeça para um lado, repousando durante algumas respirações.

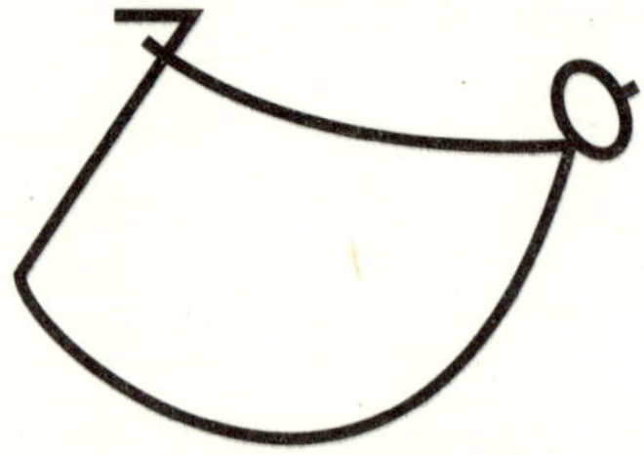

Postura do Arco.

10. Postura da Esfinge (*Salamba Bhujangasana*)

Deitado de frente, levante levemente as costas, apoiando-se em seus antebraços. Lembre-se de não dobrar a nuca. Sinta o cóccix e a coroa da cabeça se afastando. Esteja ciente do ritmo natural da respiração. Permaneça nessa postura durante algumas respirações, repetindo silenciosamente a afirmação: "Meu coração espaçoso contém tudo. Meu coração amoroso cura tudo".

Postura da Esfinge.

11. Postura do Gato (*Marjaryasana*) à Postura da Criança (*Balasana*)

A partir da postura de quatro apoios, abaixe o quadril até os calcanhares e a cabeça até o chão, na Postura da Criança (*Balasana*). Inspire e volte para a postura de quatro apoios. Em cada expiração, entoe o mantra *Yam* em voz alta. Repita por oito vezes.

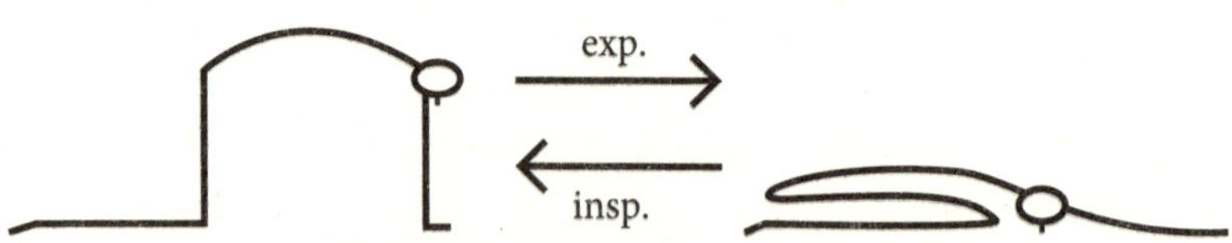

Postura do Gato à Postura da Criança.

12. Postura da Criança (*Balasana*)

Descanse nesta postura durante algumas respirações. Se você tiver pouco tempo, finalize sua prática neste ponto.

Postura da Criança.

13. Meditação do Chacra Cardíaco

Se você tiver tempo, realize a Meditação do Chacra Cardíaco, apresentada após o resumo desta prática. Ela pode ser feita sentado ou deitado na Postura de Relaxamento (*Savasana*).

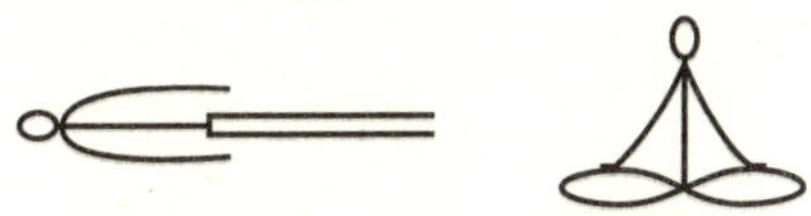

Meditação do Chacra Cardíaco.

Resumo da Prática de Ioga do Chacra Cardíaco

1. Exercício da Consciência do Chacra Cardíaco.
2. Postura de Joelhos no Peito a elevações de pernas × 6. Inspire: "Meu coração espaçoso contém tudo". Expire: "O meu coração amoroso cura tudo".
3. Postura do Gato à Postura da Criança × 6.
4. Postura da Montanha. Inspire: "Meu coração espaçoso contém tudo". Expire: "Meu coração amoroso cura tudo".
5. Variação do Guerreiro 1 e mantra *Yam* × 4. Repita do outro lado.
6. Postura do Dançarino.
7. Saudação ao Sol no Chão × 4-6.
8. Variação da Postura do Arco × 6. *Para um nível mais leve, pule o passo 9 ou repita o passo 8.*
9. Postura do Arco.

10. Postura da Esfinge. Afirme: “Meu coração espaçoso contém tudo. Meu coração amoroso cura tudo”.
11. Postura do Gato à Postura da Criança, com o mantra *Yam* × 8.
12. Postura da Criança.
13. Meditação do Chacra Cardíaco.

Resumo da Prática de Ioga do Chacra Cardíaco

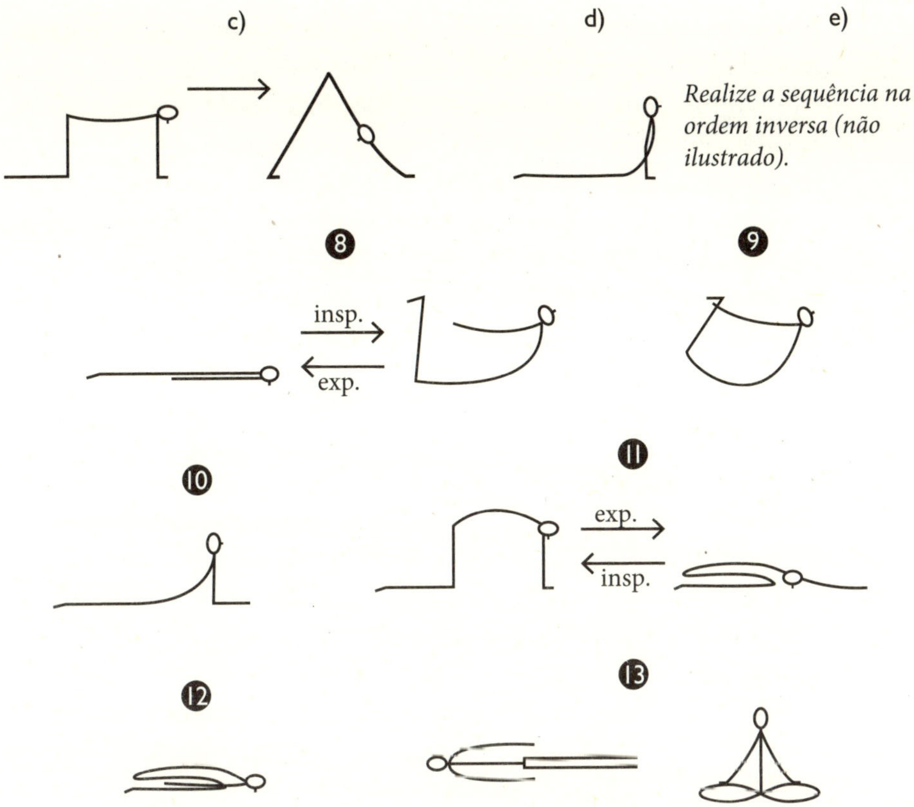

Resumo da Prática de Ioga do Chacra Cardíaco (continuação).

MEDITAÇÃO

Meditação do Chacra Cardíaco

Esta meditação pode ser utilizada para iniciar ou finalizar uma prática de ioga, ou ela também pode ser usada sozinha, como uma prática independente. Esta meditação produz uma sensação de amplitude e liberdade. É eficaz para remover bloqueios criativos, dispersar a impaciência e gerar uma atitude receptiva, que nos abre para recebermos inspiração.

Este exercício pode ser feito sentado ou deitado. Reserve de 10 a 15 minutos.

Encontre uma posição sentada ou deitada confortável. Se você estiver sentado, certifique-se de que esteja sentado e reto, simetricamente alinhado em torno da linha central do corpo. Se estiver deitado, também se certifique de que esteja simetricamente alinhado.

Certifique-se em relação a onde o corpo entra em contato com a terra embaixo de você e relaxe nesse apoio. Esteja ciente do espaço ao redor do seu corpo, e sinta-se expandindo para esse espaço.

Conduza sua consciência para o centro do seu coração e repita silenciosamente a afirmação do chacra cardíaco algumas vezes:

Inspire: "Meu coração espaçoso contém tudo".

Expire: "Meu coração amoroso cura tudo".

Depois, esqueça-se da afirmação e, mantendo sua consciência no centro do coração, visualize uma flor de lótus rosa em um leito de folhas verdes. Imagine a cor e o formato da flor. Perceba se ela está aberta ou em botão. Desfrute da beleza serena da flor.

Agora, deixe de imaginar a flor e torne-se ciente do fluxo natural da respiração, observando a respiração sem um padrão imposto a ela. Perceba o ventre subindo e descendo, e o peito se expandindo e contraindo. Siga toda a extensão da inspiração e toda a extensão da expiração. Se sua mente divagar, traga-a gentilmente de volta, a fim de percorrer as ondas da respiração.

No final da próxima inspiração, observe que existe uma pausa antes de você expirar, e, no final da expiração, perceba que há uma pausa antes de você inspirar. Simplesmente observe a pausa e relaxe durante ela. Não há necessidade de forçá-la. Permita que ela seja tranquila e sem esforço. No final de cada expiração, relaxe conscientemente seu ventre e permita que a inspiração surja da pausa, sem esforço da sua parte. Crie espaço e seja inspirado pela respiração.

Agora, mantendo sua consciência no centro do coração, siga observando as pausas entre as respirações, e, durante a pausa, diga silenciosamente o mantra *Yam* (pronunciado como *yum*). Inspire, pause (*Yam*), expire, pause (*Yam*). Repita isso durante várias respirações.

Quando você estiver pronto, pare de repetir o mantra. Perceba como você está se sentindo agora. Resolva levar esse sentimento amoroso e amplo para a próxima coisa que fizer hoje.

MEDITAÇÃO

Meditação em Movimento Misericordiosa do Chacra Cardíaco

Sempre que você caminhar em algum lugar, pode se conectar com seu chacra cardíaco simplesmente transmitindo amor e compaixão a si mesmo e aos outros enquanto caminha. Você pode fazer isso de maneira informal, apenas sorrindo para as pessoas que estiverem passando ou transmitindo silenciosamente a elas bons desejos: "Eu espero que você tenha um bom dia hoje". Ou, se preferir, pode usar frases formais de benevolência (*metta*) enquanto caminha:

Que eu esteja seguro.
Que eu seja feliz.
Que eu tenha saúde.
Que eu viva de forma tranquila.

Você pode fortalecer seu senso de conexão com aqueles que encontra, repetindo silenciosamente frases para vocês dois:

Que você e eu sejamos felizes.
Que você e eu vivamos de forma tranquila.

Você também pode ampliar seu círculo de compaixão, transmitindo bons desejos a animais, pássaros, árvores, pedras, o céu e a terra. Para concluir sua meditação em movimento, redirecione sua consciência para observar as sensações dos seus pés entrando em contato com a terra enquanto você caminha. Agradeça a terra por apoiá-lo durante esta meditação em movimento.

MEDITAÇÃO

Meditação Escrita do Chacra Cardíaco

Para instruções completas sobre como realizar uma meditação escrita, veja a seção Meditação Escrita com Foco (página 71).

Programe seu temporizador para 10 a 20 minutos e escreva, de forma meditativa, sobre um ou mais destes assuntos:

- O espaço infinito do coração.
- Liberdade é...
- Quando o céu e a terra estão reunidos...
- Para curar um coração partido, você...
- Amor incondicional significa...

Se escrever não for seu estilo, sinta-se livre para trabalhar com os tópicos anteriores por qualquer outro meio. Por exemplo, pinte um quadro, faça uma colagem, componha uma música ou tire algumas fotos, trabalhando com os temas anteriores.

Perguntas Meditativas do Chacra Cardíaco

Para instruções completas sobre como utilizar as perguntas meditativas, veja a página 75.

- Como posso criar equilíbrio entre as preocupações materiais e espirituais na minha vida?
- Qual é a melhor forma de cultivar compaixão e bondade para mim mesmo e para os outros?
- Quais emoções precisam ser trazidas para o meu coração para serem curadas?
- Como posso ajudar a criar um mundo justo e correto para todos?
- Eu estou criando espaço na minha vida para o amor se desenvolver?

Capítulo 9

Chacra da Comunicação (*Vishuddha*)

Encontre Sua Voz Criativa

O símbolo do chacra da comunicação.

Este chacra permite que você dê voz às suas criações e comunique sua visão. Ele o ensina a se manifestar e ser ouvido, mas também a escutar e aprender. Trabalhar com este chacra o ensina a falar com o coração, transmitir sua sabedoria por meio da sua criatividade e receber sabedoria por intermédio da escuta criativa.

O Chacra da Comunicação em Resumo

Nome em sânscrito: *Vishuddha* (roda pura).

Localização física: pescoço, garganta, boca, língua e ouvidos.

Elemento: éter.

Cor: azul.

Iantra: um círculo.

Mantra semente: *Ham* (pronunciado como *hum*).

Afirmações: "Eu expresso minha verdade com amor." "Eu expresso minha verdade com compaixão."

Preocupações criativas principais: dar voz às suas criações, comunicar sua visão, expressar-se com o coração, transmitir sua sabedoria por meio da sua criatividade e receber sabedoria mediante a escuta criativa.

Equilíbrio: é eloquente, orador autêntico, sabe quando falar e quando permanecer em silêncio, capaz de expressar emoções de forma inteligente, bom ouvinte, capaz de falar a verdade para obter poder, assertivo, direciona a raiva de maneira criativa, direto.

Excesso: é prolixo, domina a conversa, péssimo ouvinte, incomodado com o silêncio, fala demais, emoções fora do controle, tem tom intimidador, é egocêntrico.

Deficiência: é quieto, tímido, orador inseguro, reprime as emoções, é não assertivo, indireto, manipula nos bastidores, acanhado, capacho, tem a criatividade bloqueada.

Questões da vida: as questões dizem respeito à comunicação, à autoexpressão, à inteligência emocional, à assertividade, bem como a falar a verdade, a ouvir e a aprender, à criatividade.

Práticas de cura: autoexpressão, canto, entoação, *pranayama*, ioga, escrita, quaisquer atividades expressivas e criativas, falar em público, habilidades de escuta, terapias de fala, quaisquer terapias que envolvam liberação emocional, falar a verdade, risada, massagem no pescoço e nos ombros, exercícios faciais, exercícios no pescoço e nos ombros, treinamento de assertividade.

Encontre Sua Voz Criativa

O chacra da comunicação, na garganta, permite que nos expressemos de forma clara e autêntica. Precisamos ter coragem para dar voz à nossa verdade por meio das nossas atividades criativas. No entanto, o trabalho que fizemos nos primeiros quatro chacras nos apoiará nessa empreitada. Quando escutamos a sabedoria do chacra cardíaco, sabemos quando devemos falar e quando devemos permanecer em silêncio. O chacra raiz proporciona a estabilidade e o apoio de que precisamos para conseguir arriscar a falar. O chacra sacral, no ventre, coloca-nos em contato com nossos instintos e nos ajuda a ter clareza sobre o que desejamos expressar. O chacra do plexo solar nos dá confiança para nos afirmarmos e nos expressarmos.

Se você busca encontrar sua voz criativa, então, uma boa pergunta a se fazer é: "O que quero expressar?". Quando souber ao que quer dar voz, ficará mais motivado a encontrar um meio para expressar sua visão. Por exemplo, sou direcionada a escrever por um senso de injustiça. Desde que eu era criança, olhava ao redor e sentia que o mundo não era justo, e queria que ele fosse mais justo. Quando criança, eu vivia com medo por causa do controle coercitivo que meu pai exercia sobre a minha mãe e o restante da família. Isso era muito assustador em alguns momentos; no entanto, nunca fui devastada por essa situação, porque mantive um senso de injustiça e rebelião. Isso significa que, apesar de minha vida nunca ter sido fácil, o meu espírito permaneceu íntegro e intacto. Quando eu era adolescente, descobri o feminismo, e, com isso, percebi que o motivo de meu pai ter sido capaz de controlar a família dessa forma foi por causa do sistema patriarcal, que reforçava esse comportamento nos homens e incentivava uma atitude submissa nas mulheres. Consequentemente, o feminismo é uma forte força impulsionadora implícita no meu desejo de criar e me expressar.

A princípio, meu ímpeto de escrever livros de ioga foi impulsionado por um desejo de expor o sexismo que parecia ser predominante no mundo da ioga. Iniciei uma busca para descobrir tudo o que podia a respeito das raízes patriarcais da ioga. No entanto, por fim, surgiu uma consciência em mim de que apenas catalogar o machismo na ioga era uma abordagem negativa, e eu queria contrapor isso oferecendo também uma visão alternativa. Desejava fazer parte da criação de uma ioga que tivesse o potencial de ser o bálsamo que cura e faz com que nos sintamos plenos novamente, independentemente do nosso gênero.

Evidentemente, expressar nossa verdade pode ser um negócio arriscado. Entretanto, também existem riscos incorridos ao nosso bem-estar emocional e físico ao escondermos nossa verdade e permanecermos em silêncio. Quando temos o costume de continuamente morder nossa língua e suprimir nossos sentimentos, o custo é uma sensação de constrição na garganta e no chacra da comunicação. Quando existe um bloqueio nesse chacra, todos os outros chacras são afetados e nossa energia vital se torna incapaz de fluir livremente. Tudo flui melhor, incluindo a nossa criatividade, quando criamos um escape para nossos sentimentos, expressando-os em palavras que são autênticas e ressoam como verdadeiras.

As palavras são poderosas. As palavras possuem o poder de criar e de destruir. Quando você trabalha com este chacra, vale a pena reservar algum tempo para considerar o que deseja expressar. Conecte-se com o seu coração. O que é importante para você? O que o move? O que o incomoda tanto, que o motiva a potencializar sua criatividade, a fim de criar uma mudança? Seja autêntico. Não se jogue simplesmente em um movimento popular; canalize sua energia e expresse sua própria visão única. Se fizer isso, os outros naturalmente vão ouvir e responder ao que você tem a dizer.

Fale com Amor, Escute com Compaixão

Há um fluxo e um refluxo ativos e receptivos para a criatividade. Nós nos doamos ao mundo por meio da nossa autoexpressão. Essa é a fase ativa da criatividade. E, então, estimulamos nossa criatividade ouvindo nossa sabedoria interior e o que os outros têm a dizer. Essa é a fase receptiva da criatividade. A autoexpressão associada ao chacra da comunicação deve ser equilibrada por seu parceiro mais sutil, que é a habilidade de ouvir e de aprender. Em alguns momentos, é bom se expressar e fazer sua voz ser ouvida; em outros, é melhor permanecer em silêncio e ouvir. Pode ser fortalecedor compartilhar sua própria experiência, mas também é importante ouvir o que os outros têm a dizer. A autoexpressão será mais sábia e mais gentil se for moderada ao se ouvir a sabedoria do coração. Quando nossa autoexpressão está centrada no coração, ficamos em uma posição melhor para intuir quando devemos falar e quando devemos permanecer em silêncio.

Nós vivemos em uma era barulhenta das mídias sociais, na qual somos recompensados por sempre termos uma opinião, e as opiniões mais barulhentas e indignadas recebem mais oxigênio. Às vezes, é bom desligar o telefone, a fim de se desconectar da bolha das mídias sociais e se reconectar com o mundo natural tangível ao seu redor. A internet pode ser um recurso e uma ótima maneira de compartilhar sua criatividade e se conectar com os outros. No entanto, podemos desperdiçar nossa expressão criativa em busca de *likes* na internet, com postagens que são efêmeras e de curta duração.

As palavras podem nos aproximar ou podem nos dividir. Você consegue deixar suas próprias opiniões de lado e ouvir o que alguém tem a dizer? Tem medo do silêncio? Sempre tem que preencher os intervalos em uma conversa? Consegue aprender a relaxar e ficar confortável em silêncio? Você pode utilizar esse momento tranquilo para ouvir a si mesmo e aos outros. Os sons sagrados emergem do silêncio. Em alguns momentos, o medo nos leva a permanecer em silêncio. Em outros, é a sabedoria que nos incita a não falar. O valor do silêncio é que, se falarmos menos, muitas vezes os outros falarão mais. Quando foi a última vez que alguém o escutou com atenção? Sentirmo-nos ouvidos pelos outros valida nossa experiência e é terapêutico. Em contrapartida, nos sentimos desvalorizados e desmotivados quando sentimos que não estamos sendo ouvidos.

A escuta criativa é uma arte. Ela envolve a escuta ativa, quando percebemos o tom da voz do interlocutor, ouvimos o que é dito por trás das palavras, bem como captamos as emoções além das palavras. Você incentiva o interlocutor a se abrir e compartilha mais ao fazer perguntas abertas, e, se repetir para a pessoa o que acha que escutou ela dizer, ela se sentirá acolhida e ouvida. Ao ouvir, você se torna ciente dos pensamentos e sentimentos que as palavras dela evocam em si mesmo. Resista ao ímpeto de replicar imediatamente. Perceba quando para de ouvir o que ela está dizendo e começa a preparar sua resposta.

Nossa prática de ioga nos ensina a treinar o processo de escutar profundamente, o que, por sua vez, beneficia nossa criatividade. Sempre iniciamos nossa prática de ioga ouvindo. Nós nos sintonizamos com o nosso corpo, observamos nossos pensamentos, nos tornamos cientes do nosso estado emocional e ouvimos nossa respiração. Ao longo da nossa prática, retornamos continuamente a esse ato de ouvir e responder ao corpo, à mente e à respiração. É esse estado receptivo induzido pela ioga que cria o espaço interior para sermos capazes de ouvir a voz baixa e suave da inspiração quando ela chama. Permitimos que alertas internos nos guiem sobre qual postura devemos fazer e quando devemos nos esforçar mais ou trabalhar de forma mais leve. Todas essas habilidades de escuta que cultivamos na nossa prática de ioga nos preparam para a mesma escuta profunda à qual precisamos recorrer quando estamos envolvidos em atividades criativas.

Participei de uma reunião de quacres por diversos anos, e, apesar de eu não ser um membro dessa seita protestante, isso influenciou a forma como abordo minha escrita e minha ioga. As reuniões quacres começam com os membros reunidos, que se sentam em silêncio, escutando a voz do espírito e falando somente quando o espírito os move a fazer isso. Quando escrevo, sempre começo com um período de escuta silenciosa. Espero o espírito me mover antes de eu escrever. Faço o mesmo com minha prática de ioga em casa. Espero e ouço os alertas do espírito me guiarem em relação a quais posturas de ioga fazer. Faço o mesmo quando estou dando uma aula de ioga: observo a classe; ouço como os alunos estão respondendo; ouço minhas próprias emoções, meus pensamentos e minhas sensações físicas; defino a prática de aula adequadamente. Para mim, o "espírito" não está associado a nenhuma religião. Ele é meu espírito individual, é também o espírito coletivo da humanidade e é, possivelmente, um espírito universal que permeia todas as coisas, tanto animadas quanto inanimadas. No entanto, você pode adaptar essa abordagem, a fim de ajustá-la ao seu próprio sistema de crenças, e pode acessar uma fonte infinita de inspiração ao aprender a escutar direito.

Ioga Inspirada no Chacra da Comunicação

Ao trabalhar com o chacra da comunicação, centralizamos nossa consciência no pescoço, na garganta, na boca e nos ouvidos. Em momentos nos quais estamos emocionalmente bloqueados, a garganta pode parecer contraída. Assim, usamos a cor azul e o elemento éter, ambos associados ao chacra, para criar uma consciência ampla do céu azul na prática, a fim de eliminar a contração e produzir uma sensação de liberdade.

Este é o chacra com o qual deve trabalhar se estiver tendo dificuldade para se expressar. Você pode superar esse bloqueio usando som e mantra em sua prática, o que faz ter o costume de se fazer ser ouvido! Nós podemos usar o som de uma forma que é libertadora e emocionante, bem como segura e proveitosa, para liberar a energia reprimida e se livrar da frustração. Também podemos integrar mantras simples em sequências de ioga fluidas (*vinyasas*).

Nós criamos equilíbrio no chacra da comunicação quando equilibramos a autoexpressão com a escuta. Ouvimos os sons ao nosso redor e o som da respiração, e meditamos sobre eles. Cultivamos uma consciência sobre o silêncio, do qual todos os sons surgem e para o qual eles retornam.

Prática de Ioga do Chacra da Comunicação

Esta é a prática ideal quando você se sente criativamente bloqueado e quer fazer suas ideias fluírem novamente. Esta prática é purificadora, tranquilizadora, revigorante e produz uma sensação de libertação emocional. Usamos o som nesta prática para estimular a autoexpressão e, em contraste, utilizamos o silêncio para estimular um estado de espírito receptivo, aberto, para receber uma inspiração inovadora.

A afirmação que usamos nesta prática é: "Eu expresso minha verdade com amor". Nós a coordenamos com a respiração desta forma:

Inspire: "Coração amoroso".

Expire: "Discurso verdadeiro".

Reserve de 20 a 30 minutos.

No final destas instruções, você encontrará um resumo ilustrado de toda a prática.

1. Exercício da Consciência do Chacra da Comunicação

Encontre uma posição sentada e confortável. Conduza sua consciência ao seu pescoço, à garganta, à boca, ao fundo da garganta e aos ouvidos.

Perceba quaisquer sons que você possa ouvir de dentro ou de fora do local. Esteja ciente do ambiente sonoro ao seu redor.

Agora, conduza sua consciência ao fluxo natural da sua respiração. Esteja ciente do som da respiração. Depois, em cada vez que você expirar, reproduza um som de murmúrio. Repita por diversas respirações. Depois, pare de murmurar e esteja ciente do efeito que a vibração do murmúrio teve sobre você.

Exercício da Consciência do Chacra da Comunicação.

2. **Postura do Gato (*Marjaryasana*) à Postura da Criança (*Balasana*)**

A partir da postura de quatro apoios, expire murmurando enquanto abaixa o quadril até os calcanhares e a cabeça até o chão, na Postura da Criança (*Balasana*). Inspire e volte para a postura de quatro apoios. Repita por oito vezes.

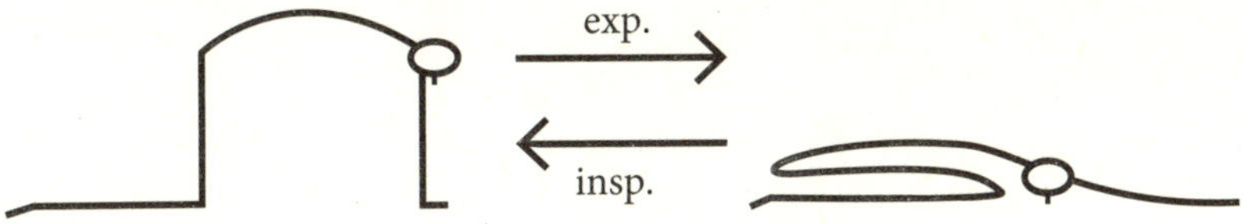

Postura do Gato à Postura da Criança.

3. **Respiração *Ha***

Permaneça na Postura da Montanha (*Tadasana*). Inspire, esticando os dois braços para os lados, logo abaixo da altura dos ombros. Expire, reproduzindo um som de *Ha* enquanto flexiona os joelhos, curve-se levemente para a frente e leve as duas mãos até o ventre. Retorne para a posição inicial ao inspirar. Repita de três a seis vezes.

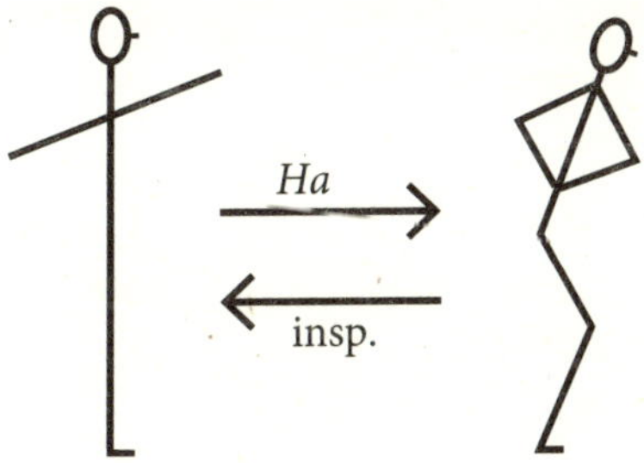

Respiração *Ha*.

4. **Postura do Leão (*Simhasana*)**

Afaste as pernas cerca de 60 a 90 centímetros, com os dedos dos pés ligeiramente para fora. Flexione os braços e feche os punhos. Contraia suas feições, com os olhos bem fechados. Expire, flexione os joelhos, curve-se levemente para a frente e abra bem a boca, enquanto estica sua língua para fora, reproduzindo um som de *Ha* enquanto expele a respiração. Ao mesmo tempo, abra bem os olhos e estique bem os dedos. Inspirando, estique as pernas e retorne para a posição inicial, com os punhos cerrados. Repita por quatro vezes.

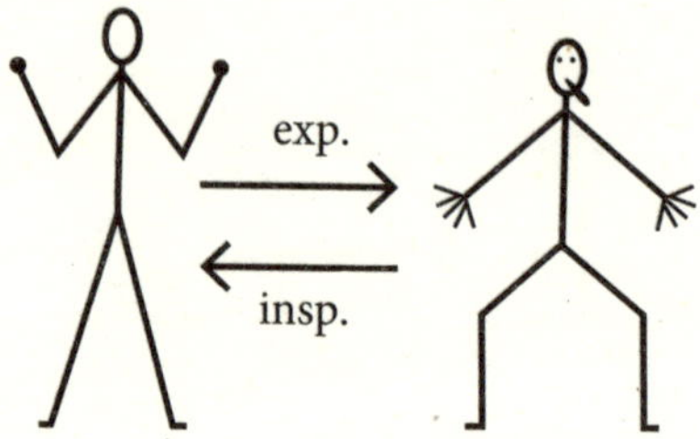

Postura do Leão.

5. Variação do Guerreiro 1 (*Virabhadrasana* 1)

Fique reto, com os pés afastados na largura do quadril, vire o pé esquerdo ligeiramente para fora e dê um passo grande para a frente com sua perna direita. Coloque as mãos sobre seu ventre. Inspirando, flexione o joelho direito, abrindo bem os braços para os lados. Expirando, estique a sua perna direita e coloque as mãos novamente sobre o ventre. Coordene a respiração com o mantra *Ma*. Inspire e, a cada expiração, entoe *Ma*. Faça seis repetições desse lado e, depois, repita do outro lado.

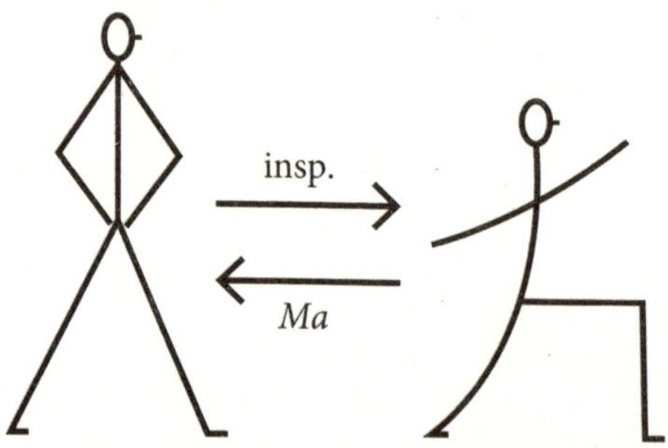

Variação do Guerreiro 1.

6. Agachamento Lenhador com Respiração *Ha*

Fique em pé, com os pés paralelos afastados na largura do quadril. Levante ambos os braços acima da sua cabeça, com a ponta dos dedos se tocando. Flexione os joelhos em um agachamento, mantenha seus braços esticados e faça o movimento de lenhador, reproduzindo um som de *Ha* durante a expiração. Inspire e retorne para a posição inicial. Repita por seis vezes.

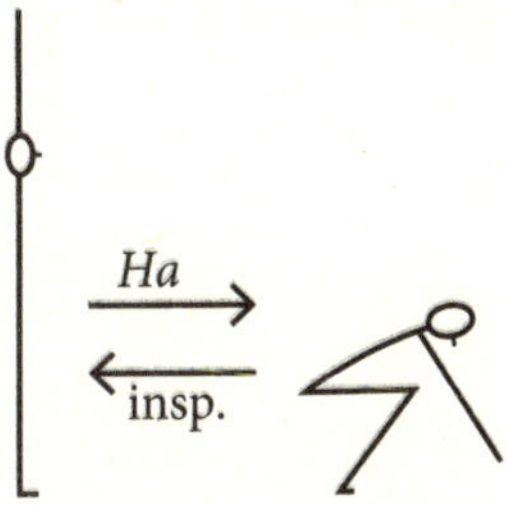

Agachamento Lenhador com respiração *Ha*.

7. Postura da Criança (*Balasana*) à Postura do Cachorro Olhando para Cima (*Urdhva Mukha Svanasana*)

A partir da posição sentada de joelhos, fique na Postura da Criança (*Balasana*), com os braços esticados no chão. Inspire, passando para a Postura do Cachorro Olhando para Cima (*Urdhva Mukha Svanasana*), arqueando as costas e mantendo seus joelhos no chão. Expire, voltando para a Postura da Criança. Você pode silenciosamente coordenar a respiração com a afirmação. Inspire e afirme: "Coração amoroso". Expire e afirme: "Discurso verdadeiro". Repita por seis vezes, enquanto alterna entre as duas posturas.

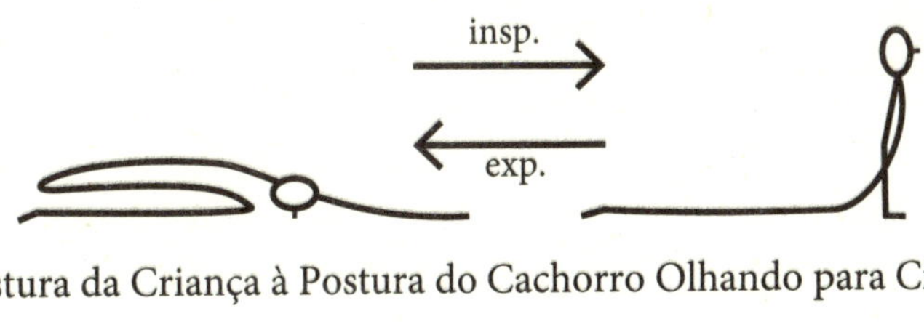

Postura da Criança à Postura do Cachorro Olhando para Cima.

8. Postura da Criança (*Balasana*)

Descanse nesta postura durante algumas respirações. Esteja especialmente ciente da expiração, percebendo a pausa entre cada expiração e a próxima inspiração. A cada expiração, sinta-se relaxando um pouco mais profundamente.

Postura da Criança.

9. Flexão para a Frente Sentado (*Paschimottanasana*) e Mantra *Ram*

Sente-se reto, com as pernas esticadas (flexione os joelhos para facilitar a postura). Conduza sua consciência para o plexo solar. Inspire e levante os braços. Mantendo sua consciência no plexo solar, expire e entoe o mantra *Ram* (pronunciado como *rum*). No fim da expiração, quando completar a entoação, curve-se para a frente, sobre as pernas. Inspire e retorne para a posição inicial. Repita por seis vezes e, na última vez, permaneça durante algumas respirações na Flexão para a Frente Sentado. Observação: nunca force a respiração. Faça respirações adicionais se precisar.

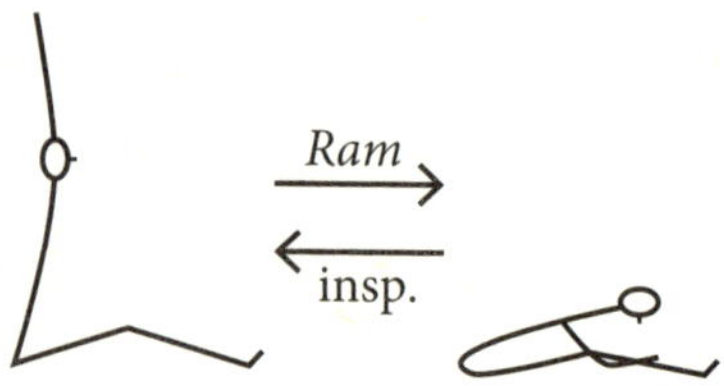

Flexão para a Frente Sentado e mantra *Ram*.

10. Sequência *Ma-Om* Ajoelhado

Fique ajoelhado e reto, com as mãos na Posição de Oração (*Namaste*). Inspire e levante os braços. Expirando, entoe o mantra *Ma* enquanto se curva para a frente, na Postura da Criança (*Balasana*), com os braços esticados no chão. Inspire e fique na postura de quatro apoios. Na expiração, entoe o mantra *Om* e volte para a Postura da Criança.

Inspire e volte a ficar ajoelhado e reto, com os braços levantados. Expire e coloque as mãos na Posição de Oração. Repita a sequência de quatro a seis vezes.

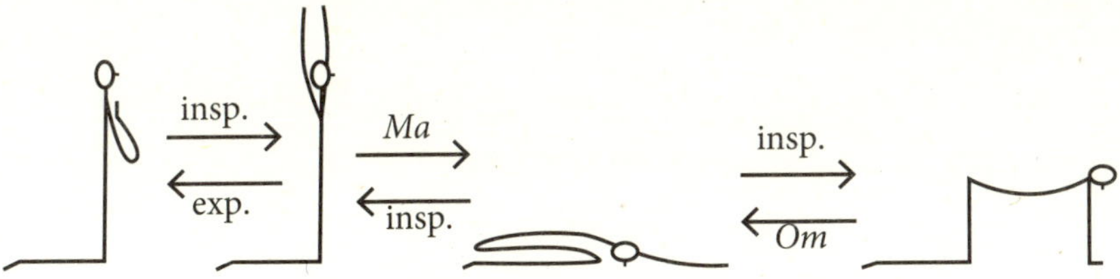

Sequência *Ma-Om* Ajoelhado.

11. Mantra *Ma* e Movimentos dos Braços

Encontre uma posição sentada confortável. Repouse as mãos sobre seu ventre. Inspire e estique os braços para os lados. Expire e leve suas mãos novamente até o ventre, entoando o mantra *Ma*. Permaneça nessa posição durante uma respiração, com as mãos repousando sobre o ventre. Repita por seis vezes.

Se você tiver pouco tempo, pode finalizar sua prática neste ponto.

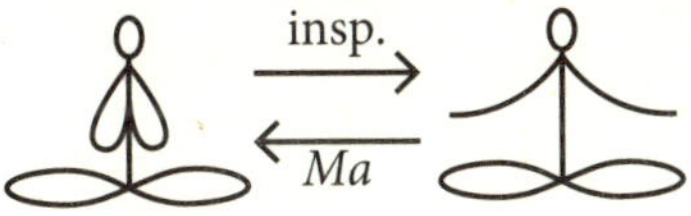

Mantra *Ma* e movimentos dos braços.

12. Meditação do Chacra da Comunicação

Se você tiver mais tempo, passe alguns minutos repousando na Postura de Relaxamento (*Savasana*) e, depois, realize a Meditação do Chacra da Comunicação, apresentada após o resumo desta prática.

Savasana e Meditação do Chacra da Comunicação.

Resumo da Prática de Ioga do Chacra da Comunicação

1. Exercício da Consciência do Chacra da Comunicação.
2. Postura do Gato à Postura da Criança murmurando × 8.
3. Respiração *Ha* × 3-6.
4. Postura do Leão × 4.
5. Variação do Guerreiro 1 com o mantra *Ma* × 6. Repita do outro lado.
6. Agachamento Lenhador com respiração *Ha* × 6.
7. Postura da Criança à Postura do Cachorro Olhando para Cima × 6. Inspire: "Coração amoroso". Expire: "Discurso verdadeiro".
8. Postura da Criança. Repouse.
9. Flexão para a Frente Sentado e mantra *Ram* × 6.
10. Sequência *Ma-Om* Ajoelhado × 4-6.
11. Mantra *Ma* e movimentos dos braços × 6. *Finalize neste ponto se você tiver pouco tempo.*
12. Meditação do Chacra da Comunicação.

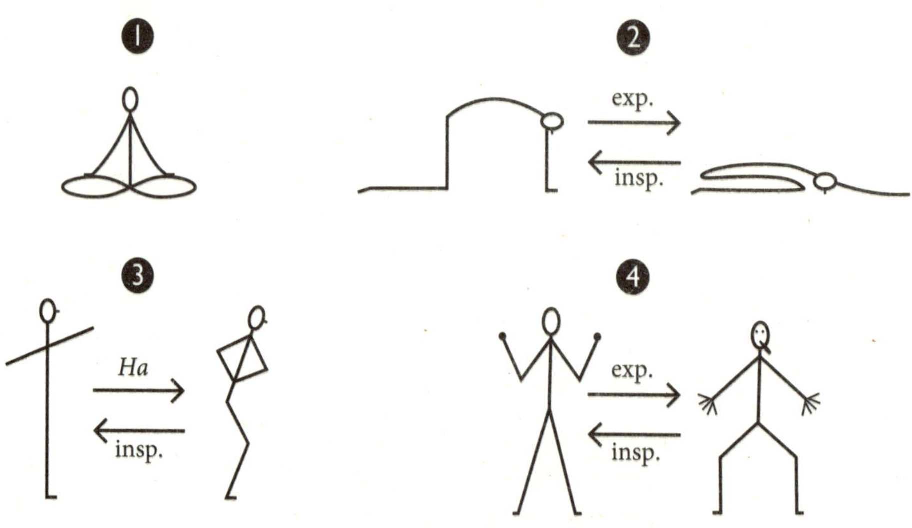

Resumo da Prática de Ioga do Chacra da Comunicação.

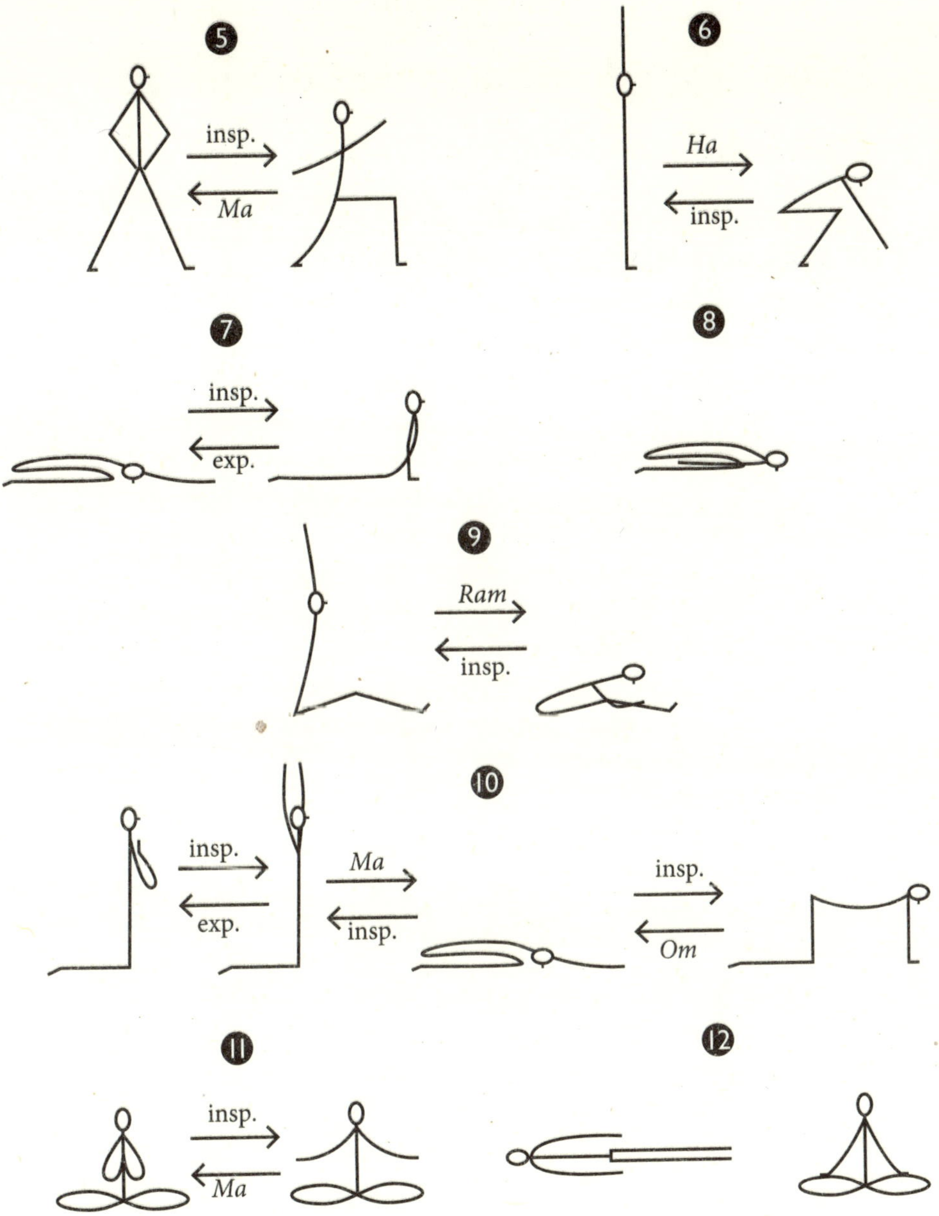

Resumo da Prática de Ioga do Chacra da Comunicação (continuação).

MEDITAÇÃO

Meditação do Chacra da Comunicação

Esta meditação pode ser utilizada para iniciar ou finalizar uma prática de ioga, ou ela também pode ser usada sozinha, como uma prática independente. Esta meditação é tranquilizadora e revigorante, e produz uma sensação de liberdade e amplitude. Ela nos ensina a equilibrar a autoexpressão com a escuta.

Reserve de 10 a 15 minutos.

Encontre uma posição sentada confortável. Conduza sua consciência para o pescoço, a garganta, a boca, o fundo da garganta e os ouvidos. Perceba quaisquer sons que você possa ouvir dentro do local e fora dele. Sons próximos e sons distantes. Perceba os espaços silenciosos entre os sons. Observe como os sons surgem e desaparecem.

Agora, conduza sua consciência para o fluxo natural da sua respiração. Esteja ciente do som da respiração. Depois, em cada expiração, faça um som de murmúrio. Repita durante diversas respirações. Quando você parar de murmurar, esteja ciente do efeito que a vibração do murmúrio teve sobre você. Perceba o silêncio, e os sons que surgem do silêncio e que retornam a ele.

Depois, conduza novamente sua consciência à garganta e visualize a cor azul, que é a cor associada a este chacra. Procure cultivar uma sensação de liberdade e amplitude, visualizando o azul do oceano, um céu azul limpo, um campo de centáureas-azuis ou qualquer outra imagem que lhe agrade.

Agora, esqueça-se dessa imagem, mas mantenha essa sensação de abertura. Repita silenciosamente a afirmação do chacra da comunicação algumas vezes: "Eu expresso minha verdade com amor".

Quando estiver pronto, pare de repetir a afirmação. Perceba como você está se sentindo. Resolva equilibrar o discurso bondoso e a escuta respeitosa em todos os seus encontros hoje.

MEDITAÇÃO

Meditação em Movimento do Chacra da Comunicação com Atenção Plena dos Sons

Esta meditação pode ser realizada em um lugar fechado ou ao ar livre. Dura cerca de 5 a 10 minutos. Ela é uma incrível maneira de você se conectar com o ambiente ao seu redor e aumentar o seu poder de observação. Se, como eu, você morar em uma cidade, pode descobrir que desenvolveu um costume de eliminar e abstrair os sons urbanos invasivos; neste caso, precisará reverter esse costume e acolher os sons ao seu redor durante esta meditação. É sempre bom desafiar nossos *samskaras* (hábitos), e, para uma pessoa criativa, é importante estar em contato com todos os seus sentidos.

Para realizar esta meditação, simplesmente esteja ciente do ambiente sonoro ao seu redor enquanto caminha. Ouça o som dos seus pés enquanto eles tocam o solo. Perceba como o som dos seus passos varia, dependendo da superfície em que você estiver: um som suave na grama, um som forte no concreto, e assim por diante. Esteja ciente dos sons naturais: folhas crepitando sob os pés, o canto dos pássaros, crianças brincando, o sopro do vento nas árvores, a água fluindo. Esteja atento aos sons produzidos pelo homem: um trem saindo da estação, uma bicicleta zunindo, o ronco do motor de um carro, o barulho aborrecedor do trânsito intenso. Perceba como os sons surgem e desaparecem. Esteja ciente de qualquer tendência que você tenha de julgar os sons. Cultive uma atitude sem julgamento, nem procurando sons nem os afastando.

A fim de concluir a sua meditação em movimento, deixe de observar os sons e retorne para uma consciência mais geral sobre seu entorno. Esteja ciente dos seus pés e do contato que eles fazem com a terra a cada passo. Perceba como a meditação o influenciou, e quaisquer mudanças que ela gerou em relação a como você está se sentindo física, mental e emocionalmente hoje.

MEDITAÇÃO

Meditação Escrita do Chacra da Comunicação

Para instruções completas sobre como realizar uma meditação escrita, veja a seção Meditação Escrita com Foco (página 71).

Programe o seu temporizador para 10 a 20 minutos e escreva, de forma meditativa, sobre um ou mais destes assuntos:

- O que quero dizer é...
- Azul.
- Escreva uma carta para uma pessoa na sua vida que você considera difícil. Escreva livremente; não se censure. Quando finalizar sua carta, leia-a e, depois, rasgue-a, queime-a, transforme-a em adubo ou descarte-a de outra forma! É importante não a enviar!
- Imagine-se no lugar da pessoa que você acha difícil. Agora, escreva uma carta, na primeira pessoa, como se fosse essa pessoa escrevendo para você.
- O silêncio é...

Perguntas Meditativas do Chacra da Comunicação

Para instruções completas sobre como utilizar as perguntas meditativas, veja a página 75.

- Qual é minha emoção predominante hoje, e qual é a melhor forma de expressá-la?
- Quais habilidades eu precisaria adquirir para me tornar um bom ouvinte?

- Quem eu admiro como orador, e o que me agrada em relação ao discurso dessa pessoa?
- O que desejo expressar por meio da minha criatividade (arte, poesia, escrita, pintura, etc.)?
- Quais são as três verdades que eu mais gostaria de dizer? Para quem eu as diria?

Capítulo 10

Chacra do Terceiro Olho (*Ajna*)

Aprimore Sua Visão Interior

O símbolo do chacra do terceiro olho.

Trabalhar com este chacra desenvolve sua intuição, clarividência e imaginação. Você aprende a ver com seu olho interior, visualizar o que deseja criar, e recordar seus sonhos e ser guiado por eles. Sua visão criativa é iluminada, e você está aberto a receber inspiração superior. Você vê e sabe.

O Chacra do Terceiro Olho em Resumo

Nome em sânscrito: *Ajna* (roda do comando).

Localização física: acima das sobrancelhas e entre elas.

Elemento: luz.

Cor: anil.

Iantra: uma Lua Crescente em cima de um triângulo apontando para baixo, contendo o símbolo de *Om*, tudo contido dentro de um círculo com duas pétalas.

Mantra semente: *Am* ou *Om*.

Afirmações: "O amor flui." "A luz cura." "O amor ilumina meu caminho."

Preocupações criativas principais: aprender a ver com o olho interior e visualizar o que se deseja criar. Desenvolver imaginação, acessar o mundo dos sonhos do subconsciente e abrir-se para receber inspiração. Revelar suas criações. Dar saltos de fé criativos, guiado pela sua intuição.

Equilíbrio: é intuitivo, perspicaz, uma referência para os outros, imaginativo, visionário, espiritual, mas fundamentado, perceptivo, lembra-se dos sonhos, vê o panorama geral e cuida dos detalhes, tem julgamento claro, vê além das aparências superficiais, aprecia a beleza.

Excesso: é cerebral, flutuante, fanático espiritual, evangelizador, nervoso, tem limites psíquicos fracos, é supersticioso, pensador abstrato, não fundamentado, rebuscado, pouco prático.

Deficiência: é superficial, pouco perspicaz, pouco imaginativo, sem espiritualidade, ultraprático, cínico, materialista, tem falta de visão e intuição fraca.

Questões da vida: equilibrar os aspectos espirituais e materiais da vida, aprender a confiar no seu próprio julgamento, desenvolver inteligência emocional. Se tiver um histórico de abuso, certificar-se de que o terceiro olho não seja excessivamente desenvolvido, em detrimento dos chacras inferiores. Garantir que você tenha desenvolvido a estabilidade e o apoio dos chacras inferiores para conseguir trabalhar com este chacra de forma segura.

Práticas de cura: relaxamento, meditação, ioga nidra, exercícios para os olhos, encontrar o apoio de uma comunidade espiritual bem fundamentada, manter um diário de sonhos, oração, ioga, visualizações guiadas, ler ficção (o que incentiva a visualização de cenas fictícias em sua mente), caminhadas ao luar, observar as estrelas, astrologia intuitiva, astronomia, todas as atividades criativas imaginativas.

Manifeste Suas Criações

A luz é o "elemento" associado a este chacra, portanto, para aqueles envolvidos em atividades criativas, trabalhar com este chacra pode ser iluminador e recompensador. Este chacra possui uma aura de mistério, porque ele nos permite enxergar com o olho interior e espreitar por trás do véu da realidade cotidiana. No entanto, em um nível mais mundano, não deveríamos ignorar os benefícios de observar de maneira consciente com nossos dois olhos reais e apreciar completamente a beleza do mundo ao nosso redor que, muitas vezes, passa despercebida quando estamos no piloto automático.

A habilidade de ver com o olho interior e de perceber a essência que está por trás da realidade material é indispensável para uma pessoa criativa. O pintor Paul Gauguin disse: "Eu fecho meus olhos para enxergar".[30] Com o olho interior, podemos imaginar o que gostaríamos de manifestar, e é isso que faz do chacra do terceiro olho um aliado tão potente na nossa jornada criativa.

Os artistas muitas vezes expressam algo que está simplesmente fora de vista para o restante de nós, e o trabalho deles é uma revelação que ajuda os outros a enxergarem de forma mais clara. Jack Kerouac,

30. GAUGUIN, Paul. "Paul Gauguin's Quotes", *Gauguin.org, 2021. Disponível em: <https://www.gauguin.org/quotes.jsp>.*

escritor da geração *beat*, escreveu: "A pedra preciosa do foco do interesse é o olho dentro do olho".[31] Assim, o chacra do terceiro olho nos permite enxergar além das aparências e ver o que existe abaixo da superfície. Quando esse chacra está ativado, ele nos abre para uma fonte profunda de sabedoria intuitiva, que pode nos auxiliar a fazer escolhas sábias e perspicazes durante o processo criativo. Independentemente de você estar envolvido nas artes ou nas ciências, trabalhar com esse chacra o abre para a possibilidade de dar saltos de intuição criativos, resultando em inovação.

Nos estados de relaxamento profundo da ioga, você fica mais aberto a receber os emparelhamentos e os paradoxos surreais e criativos dos quais a mente subconsciente desfruta e que dão um limite para a criatividade. Sua mente relaxada é um lago profundo, e você é um mergulhador que consegue examinar as profundezas da mente subconsciente e acessar símbolos, sonhos e arquétipos que existem nela. Uma das dádivas da minha prática de ioga matinal diária é que fragmentos de sonhos esquecidos muitas vezes surgem na superfície da minha mente. Em seguida, eu os anoto em um diário de sonhos, e isso me ajuda a identificar os temas e os símbolos que se repetem nos meus sonhos. Nossos sonhos podem revelar o caminho que leva ao pote de ouro no fim do arco-íris.

No sutra 3:33, Patanjali afirma: "A partir da intuição, sabe-se tudo".[32] Os iogues tântricos antigos combinavam a auto-observação com uma abordagem surpreendentemente criativa, que lhes permitia intuir, por meio do poder da imaginação e da visualização, a rede do sistema de energia sutil e como manifestá-la dentro do corpo. O iogue tântrico voltava seu olhar para dentro, explorando seu corpo e mapeando a anatomia do corpo astral ou sutil. Isso é relevante para aqueles envolvidos em atividades criativas, pois os iogues antigos nos mostram que é possível, por intermédio de um salto criativo de intuição e imaginação, construir um universo inteiro dentro do nosso próprio corpo. Ao dominar a arte

---

31. KEROUAC, Jack. "Belief and Technique for Modern Prose", *Evergreen Review*, v. 2, n. 8, p. 57, primavera de 1959.
32. MILLER, Barbara Stoler (trad.). *Yoga*: Discipline of Freedom – The Yoga Sutra Attributed to Patanjali. New York: Bantam Books, 1998. p. 67.

de visualizar o poder criativo dentro do seu corpo, você está treinando o poder de incorporar essa força da criatividade no mundo mais amplo.

Poderes Extraordinários que Devem ser Tratados com Cuidado

O sábio da ioga Patanjali, em sua *Ioga Sutra*, descreve os poderes extraordinários (*siddhis*) que o iogue pode adquirir por meio de uma prática dedicada. Esses poderes incluem a invisibilidade, a força sobre-humana, o conhecimento sobre as vidas passadas e futuras, além de estados de consciência excepcionais. Ele também nos alerta a respeito dos perigos de ser seduzido por esses poderes extraordinários e os considera distrações mundanas no caminho, em vez de um destino final.[33]

Se você pratica ioga há algum tempo, pode ter percebido como ela aprimorou sua intuição, até mesmo ao ponto de clarividência. No entanto, uma dificuldade pode surgir, pois algumas vezes pessoas que estão emocionalmente desequilibradas são atraídas ao drama de desenvolver os poderes de clarividência do chacra do terceiro olho, e isso pode ser prejudicial se os chacras inferiores não conseguirem apoiar esse impulso no poder psíquico. Outra consideração é que, para algu mas pessoas, o chacra do terceiro olho pode ser excessivamente desenvolvido, enquanto os chacras inferiores são pouco desenvolvidos. Isso é especialmente perceptível naqueles que passaram por um trauma de infância.

Na meditação, nossa mente fica tranquila como um lago, e, dentro desse lago, vemos a nós mesmos e a nossa vida refletidos como eles de fato são, e isso pode ser tão belo quanto perturbador. Trabalhar com o chacra do terceiro olho é um trabalho de guerreiro, e é essencialmente importante que você tenha realizado a fundamentação do trabalho com os chacras inferiores primeiro, a fim de receber o apoio, a estabilidade e a resiliência de que necessita para trabalhar de forma responsável com esse chacra. A grande vantagem de explorar os chacras por meio de

33. MILLER, Barbara Stoler (trad.). *Yoga*: Discipline of Freedom – The Yoga Sutra Attributed to Patanjali. New York: Bantam Books, 1998. p. 68.

uma prática física de ioga é que isso o mantém fundamentado em seu corpo, o que é particularmente relevante no trabalho com o chacra do terceiro olho.

Quando entramos em um estado de relaxamento profundo de ioga, nós nos abrimos para a possibilidade de receber um símbolo de cura com o qual podemos trabalhar. É o olho interior que nos revela o símbolo, o qual muitas vezes é o remédio de que precisamos para a cura. Muitos anos atrás, isso aconteceu comigo quando eu estava passando por um momento particularmente difícil. Um membro muito querido da minha família estava enfrentando problemas com sua saúde mental, e, de forma frustrante, tudo o que eu tentava fazer para ajudar parecia tornar a situação pior. Um dia, sentei-me para meditar e, de algum modo, apesar da preocupação constante daquele período, consegui entrar em um estado bem relaxante. Nesse estado meditativo, uma imagem flutuou na minha mente, a qual depois percebi que era uma pintura de Holman Hunt chamada *A Luz do Mundo*. A pintura retrata Jesus com um halo de luz ao redor da cabeça, segurando uma lanterna na mão e batendo em uma porta, no meio de uma floresta. Curiosamente, apesar de eu não me considerar cristã, essa imagem pacífica me apoiou em meus problemas e me cercou de amor. Felizmente, com o passar do tempo, consegui me conectar com meu parente querido e, por fim, essa pessoa se recuperou completamente.

Outra consideração para uma pessoa criativa é que, quando estamos imersos em um projeto, passamos muito tempo visualizando com o olho interior o que queremos criar, e isso pode resultar em vivermos em um mundo dos sonhos, com nossa energia excessivamente concentrada na nossa mente. É uma boa ideia contrapor isso com a fundamentação, centrando atividades associadas aos chacras inferiores, como sair à luz do dia (em vez de ficar preso ao computador), fazer jardinagem ou culinária e se conectar com os amigos. É tentador pular essas atividades, especialmente quando se está trabalhando com um prazo criativo; no entanto, vale a pena intercalar a intensidade do processo criativo com essas tarefas mais mundanas. Você se sentirá melhor, e isso o ajudará a manter não só seu trabalho como também a si mesmo mais renovados. Certo... Parágrafo finalizado... Portanto, por favor, dê-me licença enquanto vou até o jardim para varrer algumas folhas de outono no caminho.

Ioga Inspirada no Chacra do Terceiro Olho

Como foi mencionado, ao trabalhar com o chacra do terceiro olho, é importante permanecer fundamentado e centrado, e você pode fazer isso integrando seu trabalho nesse chacra com uma prática física de ioga. Em uma prática de ioga com o terceiro olho, procuramos equilibrar um foco no terceiro olho simultaneamente nos concentrando no chacra sacral, no ventre. Ambos são centros de profunda sabedoria interior, intuição, visão e conhecimento. O chacra sacral está a um passo do chacra raiz e da terra; o chacra do terceiro olho está a um passo do chacra coronário e do céu. O chacra sacral está relacionado à sabedoria em um plano terreno, e o chacra do terceiro olho está associado à sabedoria celestial.

O "elemento" associado ao chacra do terceiro olho é a luz, e pode ser prazeroso e iluminador introduzir imagens de luz na sua prática de ioga.

Por meio da utilização do mantra, podemos sentir a vibração no terceiro olho, em especial durante o som prolongado de *mm* do mantra *Ma* e do mantra *Om*. Curiosamente, a sílaba mãe *Maa* nos antigos hieróglifos egípcios significa "ver".[34] *Ma* é um incrível mantra estimulante a ser introduzido na prática de ioga do chacra do terceiro olho e é, também, outra excelente maneira de se fundamentar ao trabalhar com esse chacra.

Para ativar o olho interior, é útil visualizar cores, luz, iantras e mandalas como parte de uma meditação ou visualização.

34. WALKER, Barbara G. *The Woman's Encyclopedia of Myths and Secrets.* New York: HarperCollins, 1983. p. 294.

Prática de Ioga do Chacra do Terceiro Olho

Esta prática é energizante, desperta seu ânimo, desbloqueia a energia estagnada e induz a uma sensação de clareza. Ao equilibrar nosso foco no chacra do terceiro olho, com um foco complementar no chacra sacral, no ventre, nós nos mantemos fundamentados e evitamos ficar fora da realidade.

A afirmação que usamos nesta prática é: "O amor flui. A luz cura". Nós a coordenamos com a respiração desta forma:

Inspire: "O amor flui".
Expire: "A luz cura".

Reserve de 20 a 30 minutos.

No final destas instruções, você encontrará um resumo ilustrado de toda a prática.

1. Exercício da Consciência do Chacra do Terceiro Olho

Encontre uma posição sentada confortável. Conduza a sua consciência para o chacra do terceiro olho, entre as sobrancelhas, e, enquanto mantém sua consciência nesse ponto, torne-se ciente do fluxo natural da sua respiração. Depois, repita silenciosamente a afirmação do chacra do terceiro olho algumas vezes. Inspire e afirme: "O amor flui". Expire e afirme: "A luz cura".

Exercício da Consciência do Chacra do Terceiro Olho.

2. Mantra *Ma* e Movimentos dos Braços

Em uma posição sentada, repouse as mãos sobre o ventre. Inspire e estique seus braços para os lados. Expire e leve suas mãos novamente até o ventre, entoando o mantra *Ma* (*mm-ah*). Repita por seis vezes.

Observação: dividimos o mantra *Ma* em duas sílabas, *mm* e *ah*. Reproduzindo um som de *mm* prolongado, direcione sua consciência ao chacra do terceiro olho, entre as sobrancelhas, e, reproduzindo um som prolongado de *ah*, direcione a consciência ao chacra sacral, no ventre.

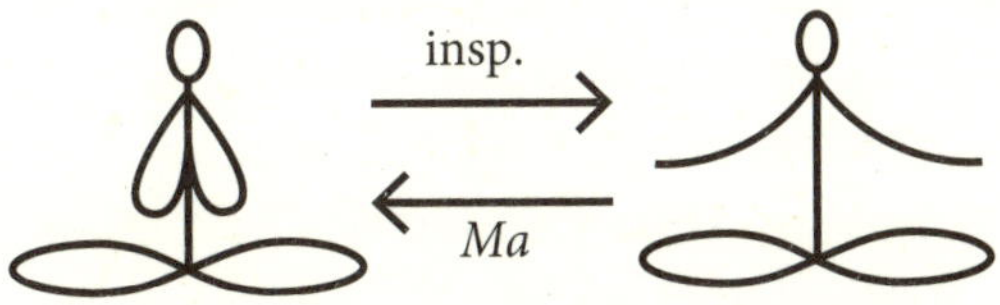

Mantra *Ma* e movimentos dos braços.

3. Variação da Postura do Cavalo Dinâmica (*Vatayanasana*)

Fique com as pernas afastadas, com os dedos dos pés ligeiramente para fora. Leve ambos os braços para os lados e acima da sua cabeça, unindo as mãos. Expirando, flexione ambos os joelhos, como se você estivesse se sentando em um banco alto, e una as mãos sobre o coração, em posição de oração. Inspirando, estique as pernas, levando os braços para os lados e acima da cabeça, retornando para a posição inicial. Você pode silenciosamente coordenar a respiração com a afirmação. Em cada inspiração, afirme: "O amor flui". Em cada expiração, afirme: "A luz cura". Repita por oito vezes. No momento final, permaneça durante algumas respirações na variação da Postura do Cavalo Dinâmica (*Vatayanasana*), conduzindo sua consciência para o chacra do terceiro olho.

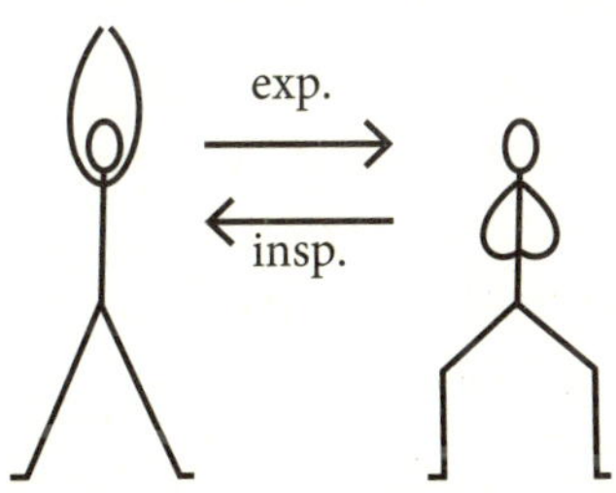

Variação da Postura do Cavalo Dinâmica.

4. Postura da Águia (*Garudasana*)

Fique na Postura da Montanha (*Tadasana*). Flexione seus joelhos, levante seu pé esquerdo, cruze sua coxa esquerda sobre a sua coxa direita e, se conseguir, enganche a parte de cima do pé esquerdo atrás da panturrilha direita no lado inferior (para uma opção mais fácil, permaneça da Postura da Montanha e apenas faça os movimentos dos braços). Estenda ambos os braços para a frente, paralelos ao chão. Coloque o braço direito sobre o braço esquerdo, flexione os cotovelos, repousando o cotovelo direito sobre a dobra do cotovelo esquerdo, e una as costas das mãos ou junte as palmas das mãos. Levante suavemente os cotovelos um pouco, mantendo os ombros abaixados e alongando a nuca. Permaneça nessa postura durante algumas respirações, direcionando sua consciência para o chacra do terceiro olho. Repita do outro lado.

Postura da Águia.

5. Abrindo e Fechando Portas

Afaste as pernas cerca de 60 a 90 centímetros, com os dedos dos pés ligeiramente para fora. Leve os braços para os lados, na altura dos ombros, e flexione-os, formando um ângulo reto no cotovelo, com os dedos apontando para o alto e as palmas das mãos viradas para a frente. Expire, flexione os joelhos, e junte os antebraços e as mãos na frente do peito (portas fechadas). Inspire, estique as pernas e "abra as portas", levando os braços de volta para a posição inicial. Repita por seis vezes.

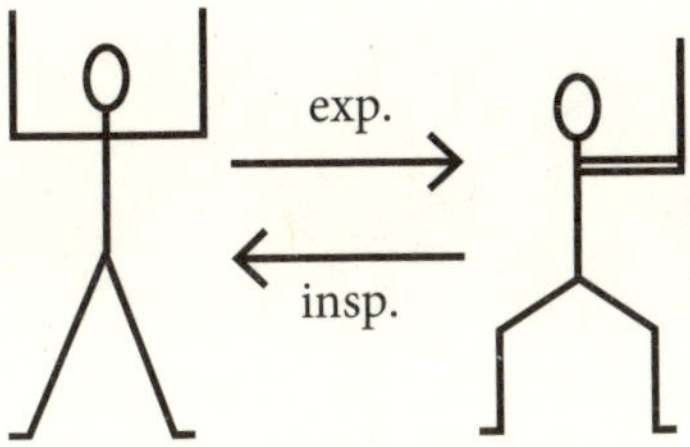

Abrindo e fechando portas.

6. Postura de Estocada com Movimentos dos Braços (Variação de *Anjaneyasana*)

Fique ajoelhado e reto. Coloque seu pé direito para a frente e flexione o joelho, levando o joelho sobre o tornozelo. Apoie as pontas dos seus dedos levemente em suas orelhas, com os cotovelos para os lados. Expire, apontando os cotovelos para a frente e para baixo, curvando a parte superior das costas e olhando para baixo. Inspirando, abra os cotovelos, levante o peito e olhe ligeiramente para cima. Repita por quatro vezes e, depois, permaneça na posição de peito aberto durante algumas respirações. Repita do outro lado.

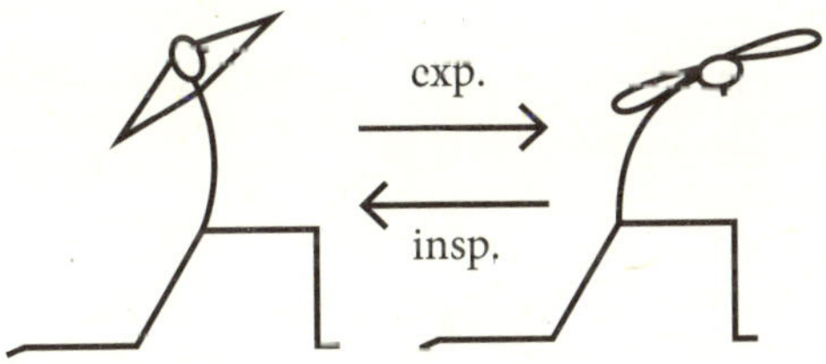

Postura de Estocada com movimentos dos braços.

7. Postura do Cachorrinho (*Uttana Shishosana*) à Postura da Criança (*Balasana*)

Fique na postura de quatro apoios. Tateie com as mãos pelo chão até os braços, a cabeça e o torso formarem uma linha diagonal longa, mantendo as coxas em um ângulo de 90 graus. Mantenha as orelhas entre os braços. Permaneça nessa posição durante algumas respirações. Depois, flexione os joelhos, sente sobre os calcanhares e repouse durante algumas respirações na Postura da Criança (*Balasana*).

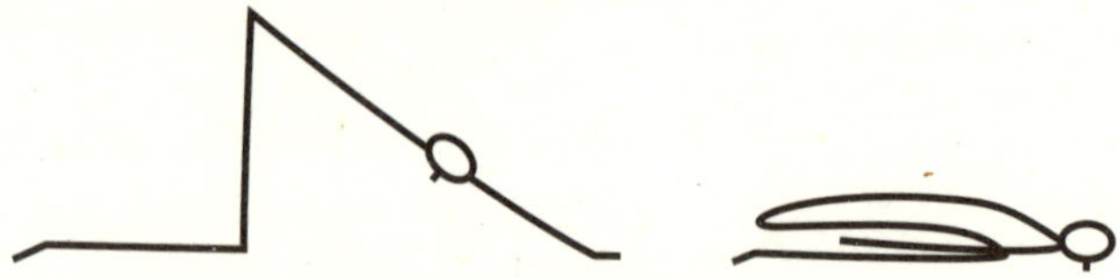

Postura do Cachorrinho à Postura da Criança.

8. Postura da Criança (*Balasana*) à Postura do Cachorro Olhando para Cima (*Urdhva Mukha Svanasana*)

A partir da Postura da Criança (*Balasana*), estique os braços pelo chão. Inspire, passando para a Postura do Cachorro Olhando para Cima (*Urdhva Mukha Svanasana*), arqueando suas costas e mantendo os joelhos no chão. Expire, voltando para a Postura da Criança. Você pode silenciosamente coordenar a respiração com a afirmação. Inspire e afirme: "O amor fluir". Expire e afirme: "A luz cura". Repita por seis vezes, enquanto você alterna entre as duas posturas.

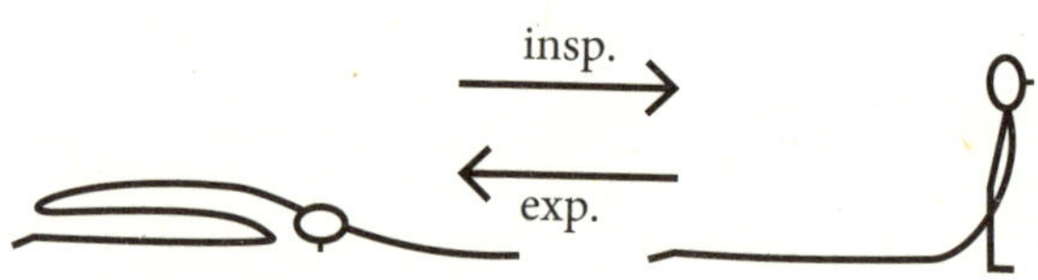

Postura da Criança à Postura do Cachorro Olhando para Cima.

9. Postura do Cachorro Olhando para Baixo (*Adho Mukha Svanasana*)

A partir da postura de quatro apoios, vire os dedos dos pés para baixo e fique na Postura do Cachorro Olhando para Baixo (*Adho Mukha Svanasana*). Permaneça nessa postura durante algumas respirações e, depois, abaixe-se, sentando-se e ficando pronto para a próxima postura. (Alunos mais experientes podem desejar substituir por uma postura invertida mais avançada neste ponto.)

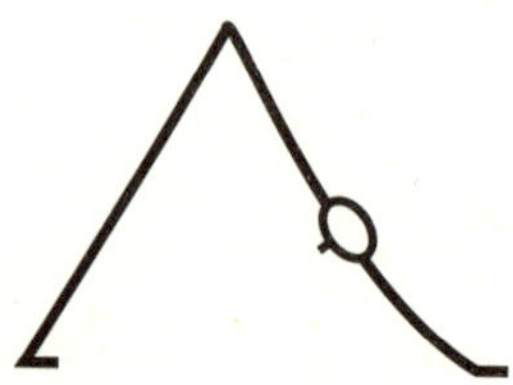

Postura do Cachorro Olhando para Baixo.

10. Variação da Torção Sentada (*Ardha Matsyendrasana*)

Fique em uma posição sentada, com as pernas esticadas. Flexione o joelho direito e coloque o pé direito para além do seu joelho esquerdo. Sente-se reto, envolva o joelho direito com o seu braço esquerdo e abrace o joelho no seu peito. Coloque sua mão direita, com a palma para baixo, no chão atrás de você. Inspire, alongue sua espinha dorsal, expire e vire, olhando por cima do seu ombro direito. Permaneça nessa torção, baixando sua consciência para seu ventre. A cada vez que você expirar, contraia levemente seu abdômen inferior e repita silenciosamente o mantra *Vam*. Permaneça nessa posição durante algumas respirações e, depois, repita do outro lado. (Alunos mais experientes podem desejar substituir por uma torção sentada mais complexa neste ponto.)

Variação da Torção Sentada.

11. Flexão para a Frente Sentado (*Paschimottanasana*)

Sente-se reto, com as pernas esticadas (flexione os joelhos para facilitar a postura). Inspire e levante seus braços. Expire e curve-se para frente, sobre suas pernas. Inspire e retorne para a posição inicial. Você pode silenciosamente coordenar a respiração e o movimento com a afirmação. Inspire e afirme: "O amor flui". Expire e afirme: "A luz cura". Repita por seis vezes e, na última vez, permaneça na postura durante algumas respirações.

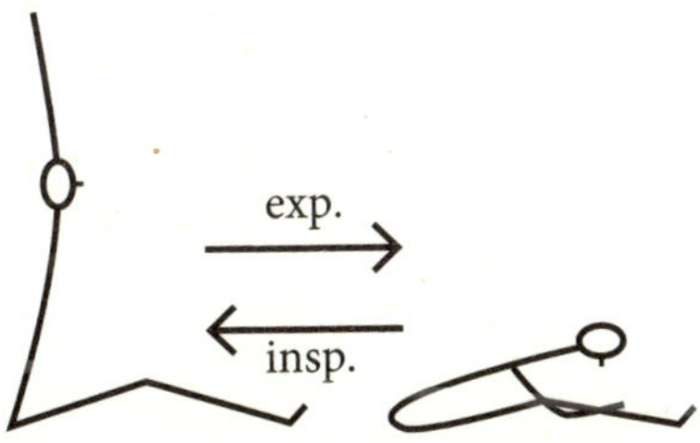

Flexão para Frente Sentado.

12. Mantra *Ma* e Movimentos dos Braços

Nós encerramos a prática da mesma forma que a iniciamos, com o mantra *Ma*. Fique em uma posição sentada e repouse as mãos sobre seu ventre. Inspire e estique os braços para os lados. Expire e leve as suas mãos novamente até o ventre, entoando o mantra *Ma* (*mm-ah*). Repita por seis vezes.

Assim como antes, dividimos o mantra *Ma* em duas sílabas, *mm* e *ah*. Reproduzindo um som de *mm* prolongado, direcione sua consciência ao chacra do terceiro olho, entre as sobrancelhas, e, reproduzindo um som prolongado de *ah*, direcione a consciência ao chacra sacral, no ventre.

Se você desejar, pode finalizar sua prática aqui.

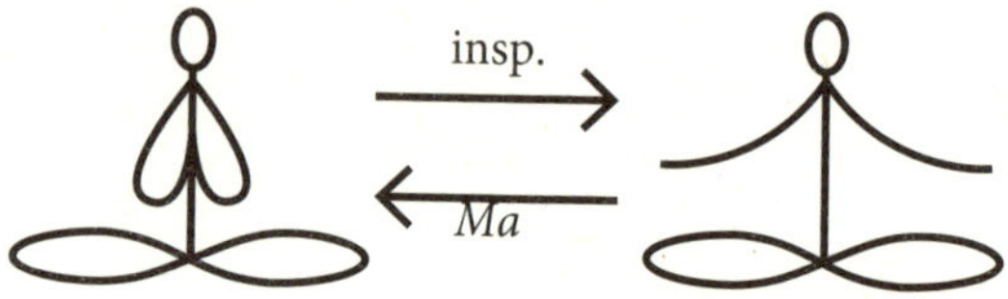

Mantra *Ma* e movimentos dos braços.

13. Visualização da Luz Circulante do Chacra do Terceiro Olho

Se você tiver mais tempo, então, permaneça na Postura de Relaxamento (*Savasana*) para a Visualização da Luz Circulante do Chacra do Terceiro Olho, apresentada após o resumo desta prática.

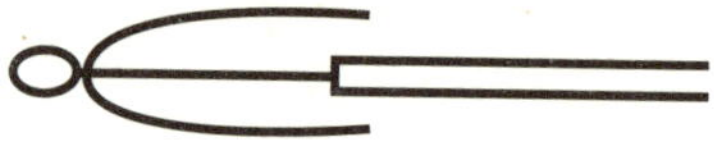

Visualização da Luz Circulante do Chacra do Terceiro Olho.

Resumo da Prática de Ioga do Chacra do Terceiro Olho

1. Exercício da Consciência do Chacra do Terceiro Olho.
2. Mantra *Ma* e movimentos dos braços × 6.
3. Postura do Cavalo Dinâmica × 8. Inspire: "O amor flui". Expire: "A luz cura".
4. Postura da Águia.
5. Abrindo e fechando portas × 6.

6. Postura de Estocada com movimentos dos braços × 4 de cada lado.6.
7. Postura do Cachorrinho à Postura da Criança.
8. Postura da Criança à Postura do Cachorro Olhando para Cima × 6. Inspire: "O amor flui". Expire: "A luz cura".
9 . Postura do Cachorro Olhando para Baixo.
10. Variação da Torção Sentada e mantra *Vam*.
11. Flexão para a Frente Sentado × 6. Inspire: "O amor flui". Expire: "A luz cura".
12. Mantra *Ma* e movimentos dos braços × 6. *Se tiver pouco tempo, finalize neste ponto.*
13. Visualização da Luz Circulante do Chacra do Terceiro Olho.

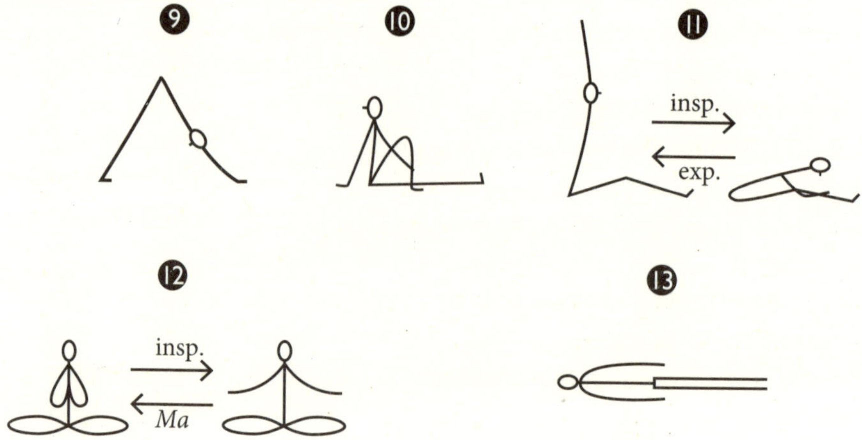

Resumo da Prática de Ioga do Chacra do Terceiro Olho (continuação).

VISUALIZAÇÃO

Visualização da Luz Circulante do Chacra do Terceiro Olho

Esta meditação pode ser utilizada para iniciar ou finalizar uma prática de ioga, e também pode ser usada sozinha, como uma prática independente. A luz é o elemento associado a este chacra, portanto, visualizamos a luz circulando ao redor do corpo, o que tem um efeito energizante, desbloqueando a energia travada e estagnada e estimulando um fluxo de *prana*, ou *qi*, saudável e vibrante. Durante a meditação, criamos uma ligação energética entre o chacra do terceiro olho e o chacra sacral, no ventre. Isso nos mantém fundamentados e nos ajuda a evitar qualquer tendência a ficar fora da realidade, o que algumas pessoas enfrentam quando estão somente concentradas no chacra do terceiro olho.

Este exercício pode ser feito sentado ou deitado. Reserve 10 minutos.

Conduza sua consciência para o chacra do terceiro olho, entre as sobrancelhas, e, enquanto você mantém sua consciência nesse ponto, torne-se ciente do fluxo natural da sua respiração. Depois, repita silenciosamente a afirmação do chacra do terceiro olho algumas vezes:

Inspire: "O amor flui".
Expire: "A luz cura".

Agora, abaixe sua consciência até o baixo-ventre, o chacra sacral, e imagine uma esfera de luz branca pura brilhando nele. Depois, visualize-se circulando essa esfera de luz para baixo, ao redor do assoalho pélvico até a base da espinha dorsal, para cima, pelo centro da espinha dorsal até a coroa da cabeça, e, então, no espaço entre as sobrancelhas, o chacra do terceiro olho. Faça uma pausa breve neste ponto e, então, leve a energia de luz até a frente da espinha dorsal e de volta para o baixo-ventre novamente. Continue circulando a luz nesse ciclo de energia ao redor do corpo.

Se você for novo nesta visualização, pode preferir deixar a respiração cuidar de si mesma. Quando obtiver confiança, poderá acrescentar um padrão de respiração. Na inspiração, você direciona a esfera de luz do baixo-ventre ao redor e para cima da parte de trás do corpo até as sobrancelhas, fazendo uma pausa breve nesse ponto; então, expira, levando a luz da parte da frente do corpo para a parte de trás do baixo-ventre, fazendo uma pausa breve nessa região. Continue a respirar e a visualizar a luz que circula em um ciclo ao redor da parte da frente e da parte de trás do corpo. Por fim, parecerá que a respiração propulsiona a luz ao redor do corpo.

Quando você se sentir pronto, pare de circular a luz ao redor do corpo e permita que sua consciência primeiro repouse no espaço entre as sobrancelhas, e, depois, desça-a, a fim de que ela repouse sobre o baixo-ventre. Perceba como o ventre sobe e desce com cada inspiração e expiração. Mantenha sua atenção no ventre, que sobe e desce, e esqueça-se de tudo o mais. Permita-se respirar e simplesmente existir.

Quando você estiver pronto, deixe de seguir a respiração. Torne-se ciente das sensações físicas, percebendo especialmente as sensações associadas ao local onde seu corpo entra em contato com o chão ou com o seu apoio. Observe qual efeito esta visualização teve sobre você. Faça quaisquer movimentos que forem necessários para que você desperte.

MEDITAÇÃO

Meditação em Movimento Lenta e Apreciativa do Chacra do Terceiro Olho

Nesta meditação, desaceleramos nossa caminhada, e reservamos um tempo para parar e apreciar a beleza ao nosso redor. Se possível, realize esta meditação em um parque ou no seu jardim, ou vá para uma montanha ou uma floresta. No entanto, apesar de ambientes naturais serem ideais para esta meditação, ela pode ser realizada em qualquer lugar, até mesmo em um cenário urbano, desde que prestemos atenção e absorvamos todos os detalhes do mundo ao nosso redor por meio dos nossos olhos. O propósito principal desta meditação é estimular um olhar meditativo, que rompe o costume de pensarmos que "conhecemos" um objeto e, consequentemente, não o observarmos em toda a sua glória.

Reserve de 5 a 15 minutos.

Nós começamos a meditação desacelerando nossa caminhada, estando cientes do contato que nossos pés fazem com a terra a cada passo. Reserve um tempo para olhar ao seu redor, absorvendo os detalhes do seu ambiente. Se algo chamar sua atenção, pare e realmente observe isso. Pode ser que você perceba o Sol em uma flor, e, olhando de maneira atenta, fique surpreso com a complexidade dos estames dentro dela. Ou, caminhando perto de algum lago, você pode parar para observar, e, em uma inspeção mais próxima, seus olhos podem pousar em peixinhos que estão nadando sob a superfície da água. Até mesmo na cidade, a natureza está sempre presente, e você pode avistar uma flor saindo do asfalto, flores de outono carmesim sopradas ao vento ao longo da calçada ou nuvens com formas impressionantes que atravessam o céu. Até mesmo passar alguns minutos a observar atentamente um pedaço de grama revelará um mundo dentro de um mundo, um microcosmo dentro de um macrocosmo.

Se, como eu, você costuma caminhar rápido, no princípio pode ser desafiador desacelerar. No entanto, experimente fazer isso, porque esse tipo de caminhada consciente é benéfico para a sua saúde: ela diminui sua pressão arterial e frequência cardíaca, além de reforçar sua saúde mental e uma sensação de bem-estar.[35] Você pode sempre assumir um compromisso e praticar cinco minutos desta caminhada lenta e apreciativa no início ou no fim de uma caminhada rápida. Ademais, sua criatividade se beneficia com esse aperfeiçoamento das suas habilidades de observação, e abre para você um mundo belo, que não conseguiria ver no piloto automático.

MEDITAÇÃO

Meditação Escrita do Chacra do Terceiro Olho

Para instruções completas sobre como realizar uma meditação escrita, veja a seção Meditação Escrita com Foco (página 71).

Programe seu temporizador para 10 a 20 minutos e escreva, de forma meditativa, sobre um destes assuntos:

- O olho interior vê...
- A paisagem dos sonhos.
- Para mim, a beleza é...
- Intuição.
- O meu lugar tranquilo.

35. MOSLEY, Michael. "Green Spaces". *Just One Thing*, BBC Radio, 9 maio 2021, transmissão de rádio, 15:00. Disponível em: <https://www.bbc.co.uk/programmes/m000vy1l>.

Perguntas Meditativas do Chacra do Terceiro Olho

Para instruções completas sobre como utilizar as perguntas meditativas, veja a página 75.

- O que acho belo na minha vida?
- O que me ajuda a relaxar em um estado profundo, tranquilo e receptivo?
- O que me impede de ouvir minhas percepções intuitivas e de agir de acordo com elas?
- Existe algum trabalho que precise realizar nos meus chacras inferiores para conseguir trabalhar com segurança com meu chacra do terceiro olho e colher os benefícios de trabalhar com ele?
- Se meu subconsciente e a Consciência Universal pudessem me oferecer um símbolo de cura, o que ele seria?

Capítulo 11

Chacra Coronário
(*Sahasrara*)

Descubra o Poder do Êxtase Diário

O símbolo do chacra coronário.

Trabalhar com este chacra é transformador, revela sua centelha interior de genialidade e relaxa-o em um estado de puro êxtase. Agora, você é capaz de se elevar acima das preocupações cotidianas e de se conectar com o sagrado, e está imbuído de uma sensação de estar em harmonia com tudo isso. Você enxerga o panorama geral e não fica mais preso às minúcias da vida. Sente-se conectado ao cosmo e aberto a receber inspiração divina. Você agora pode ver o divino no comum. Aprofunde-se e descubra seu ouro criativo!

O Chacra Coronário em Resumo

Nome em sânscrito: *Sahasrara* (roda de mil raios).

Localização física: está situado na coroa da cabeça ou logo acima dela.

Elemento: consciência.

Cor: violeta, dourado ou branco.

Iantra: muitas vezes retratado como um círculo parecido com uma Lua Cheia.

Mantra semente: *Om*.

Afirmações: "A luz do amor me cerca." "Luz do amor dentro, luz do amor fora." "Luz do amor, guie-me para casa."

Preocupações criativas principais: enxergar o panorama geral, colocar o ego de lado, conectar-se com o mistério divino e canalizar essa consciência cósmica na sua criatividade.

Equilíbrio: o indivíduo é pleno, imaginativo, pacífico, inspirado, inspirador, líder espiritual, sexualmente realizado e responsável, enxerga o panorama geral, perspicaz, aberto a estados de êxtase, tem senso de conexão, é criativo.

Excesso: é egoísta, superficial, espiritualmente arrogante, charlatão, falso messias, excessivamente zeloso, sexualmente irresponsável, tem personalidade viciante, é irracional, irreal, passa de uma mania para outra, convencido de que isso levará à iluminação.

Deficiência: é sem imaginação, sem graça, desapegado, tem mente fechada, é distante, não espiritual, materialista, tacanho, tem visão estreita, fica preso em seus caminhos, é excessivamente racional, acredita nas coisas de olhos fechados, sem inspiração.

Questões da vida: encontrar satisfação, buscar iluminação, equilibrar preocupações espirituais e materiais, com a sexualidade, desenvolver a habilidade de colocar o interesse próprio de lado e trabalhar para o bem maior, agir a partir de um lugar de amor, despertar para a percepção da unidade da criação.

Práticas de cura: meditação, mantra, práticas sexuais tântricas, relacionamentos amorosos, visualização, oração, estar em comunhão espiritual com os outros, atenção plena, compaixão, autocompaixão, ioga, atos de bondade aleatórios, ioga nidra, caminhar, estar na natureza, observar as estrelas, atividades criativas, tocar e ouvir música animada, ver arte inspiradora, colaboração criativa com os outros, qualquer trabalho que seja para o bem comum.

Consciência Cósmica

O chacra coronário é retratado como um lótus branco de mil pétalas. É nele que Shakti se une a Shiva, e permanecemos em um estado de puro êxtase. Os iogues antigos descreveram esse estado de êxtase como um estado de unidade. O ego menor se dissolve e qualquer senso de separação do cosmo evapora. Tudo é um e fazemos parte de tudo isso. Nós nos percebemos como uma parte minúscula, mas preciosa, de um universo infinito.

A criatividade dos iogues antigos era de uma escala verdadeiramente cósmica. Eles voltavam seu olhar para dentro e descobriam, espelhados dentro de seu próprio corpo, todo o cosmo. Apesar de essa verdade ter sido revelada aos iogues por meio de estados de meditação transcendentes, a ciência moderna atual confirma que somos literalmente feitos de poeira estelar!

Ao longo dos tempos, iogues, xamãs, místicos e poetas viajaram através do cosmo em sua mente. E existem temas comuns que percorrem todos os seus relatos de viagens místicas. Estes incluem um senso de seu ego que se dissolve em uma presença bondosa e sem limites, além de um sentimento de voltar para casa. De forma intrigante, astronautas, quando olham para a Terra a partir do espaço, também descrevem frequentemente "se sentirem um com a humanidade, a Terra e até mesmo com o cosmo inteiro". Eles falam sobre a sensação de existir algo muito maior do que eles, que ofusca sua própria importância. Edgar Mitchell, da Apollo 14, em sua viagem de volta da Lua, sentiu que o universo inteiro era "de alguma forma consciente", e disse: "Eu fiquei impressionado com a sensação de me estender física e mentalmente ao cosmo".[36] Poetas, místicos, iogues e astronautas compartilham em comum a experiência de se sentirem unificados com um cosmo que é em si um ser dotado de alma.

Os astronautas, evidentemente, vivenciam uma mudança definitiva de perspectiva quando olham para o nosso planeta Terra do espaço. A maioria de nós nunca irá para o espaço, mas ainda assim podemos ter essa sensação de fascínio e de admiração aqui na Terra. O chacra coronário é associado a esses estados transcendentes de puro êxtase. Quando o chacra coronário é despertado, temos a impressão de estar em harmonia com o mundo. A nossa sensação de separação se dissolve, e nos sentimos conectados a tudo o que existe. O reino do chacra coronário é de fascínio e de admiração.

É possível que você já tenha vivenciado uma amostra dessa sensação de união arrebatadora relacionada ao chacra coronário. Já pode tê-la sentido enquanto estava praticando ioga, meditando, fazendo jardinagem, caminhando na natureza, observando o céu noturno, amamentando seu bebê, nadando no mar, fazendo amor ou quando estava completamente absorvido em uma atividade criativa. Os cientistas estão descobrindo agora o que os poetas e os místicos sabem há milênios: que vivenciar o fascínio e a admiração possui um impacto permanentemente positivo sobre nossa saúde, nosso bem-estar e até mesmo a nossa criatividade.[37]

Admiração é o que vivenciamos quando ficamos diante do mistério que reside na essência do cosmo. Certo, então, eu e você podemos não conseguir ver a Terra do espaço como um astronauta, mas podemos observar admirados, em uma noite sem Lua, as estrelas fluírem no infinito. Também podemos vivenciar o mistério divino, como os iogues antigos, nos voltando para o nosso chacra coronário, nosso ego se dis-

---

36. MARCHANT, Jo. *The Human Cosmos*: A Secret History of the Stars. Edinburgh, UK: Canongate Books, 2020. p. 269-270.
37. MARCHANT, Jo. *The Human Cosmos*: A Secret History of the Stars. Edinburgh, UK: Canongate Books, 2020. p. 266-267.

solvendo, enquanto relaxamos dentro da consciência cósmica. Esse é o estado transcendente do chacra coronário.

Canalizando a Consciência Cósmica nas Suas Criações

Todo o trabalho que fizemos até o momento nos chacras inferiores nos prepara para vivenciar o estado de admiração arrebatador associado ao chacra coronário. Estudos mostraram que vivenciar estados de admiração promove uma criatividade aumentada e uma mente aberta.[38] Da mesma forma, quando nos conectamos frequentemente com o mistério divino inspirador por meio da nossa prática de meditação do chacra, os efeitos positivos são duradouros, iluminam e inspiram o nosso processo criativo. Os estados transcendentes do chacra coronário nos ajudam a nos elevar acima do nosso ego menor e a nos conectar com uma consciência cósmica maior. Somos banhados por uma luz, e canalizamos essa luz e amor para nossas criações. O cantor se torna a música. O dançarino se une à dança. O poeta é a caneta que escreve ao longo da página. O escultor se une à pedra que está esculpindo. O pintor é a cor pincelada na tela.

Se você quiser que sua criatividade floresça, é importante desvendar o que o inspira com uma sensação de fascínio e de admiração. *Performances* virtuosas podem inspirar admiração. Alguns de nós sentimos isso quando vemos uma conquista esportiva sobre-humana, ficamos diante de uma obra de arte sublime ou ouvimos uma peça música celestial. Quando observamos a luz atravessando um vitral em uma catedral; vemos a escultura *O Beijo*, de Rodin; ou uma cachoeira, um cânion, o oceano, o rio de estrelas da Via Láctea se estendendo pelo infinito, a luz da Lua sobre a água, o sorriso de uma criança; quando seguramos a mão da pessoa amada. Vale a pena reservar um tempo para descobrir o que é inspirador para você e criar oportunidades de imergir nessa experiên-

38. CHIRICO, Alice *et al.* "Awe Enhances Creative Thinking: An Experimental Study". *Creativity Research Journal*, v. 30, n. 2, p. 123-131, 2018. Disponível em: <doi:10.1080/10400419.2018.1446491>.

cia, que pode ser visitar uma galeria de arte, escalar uma montanha ou passar um tempo em meditação.

Outra forma de garantir que sua criatividade acesse esse incrível poder superior é viver e trabalhar de acordo com seus valores. Sinto que meu mundo se contrai quando estou com medo ou ansiosa, ao passo que ele se expande novamente quando me lembro dos meus valores e permito que eles me guiem, em vez de ser intimidada por pensamentos ansiosos. Meus valores me recordam do panorama geral e de que é possível, até mesmo quando estou ansiosa, realizar ações valiosas e me tornar a mudança que quero ver no mundo. Reserve um tempo para esclarecer seus valores; desapegue-se do que acha que eles *deveriam* ser; e lembre-se de que eles são únicos para você e refletem seus interesses e preocupações, que podem ser muito diferentes daqueles ao seu redor. Quando tiver estabelecido quais são seus valores e começar a viver a sua vida de acordo com eles, espere ser energizado!

Por fim, uma personagem de *A Cor Púrpura*, de Alice Walker, disse: "Eu acho que Deus deve ficar irritado se você passa pela cor púrpura em um campo em algum lugar e não repara nela".[39] Abra seus olhos e desperte para a beleza inspiradora do mundo ao seu redor. Fazer isso é se abrir para a possibilidade de iluminação em todo e cada momento, e, por sua vez, você pode canalizar esse êxtase cotidiano no seu processo criativo.

Ioga Inspirada no Chacra Coronário

Quando trabalhamos com o chacra coronário, é importante mantermos uma conexão energética com os chacras inferiores, especialmente o chacra raiz, a fim de garantirmos que não ficaremos muito fora da realidade quando trabalharmos nesse nível mais espiritual e etéreo. Uma prática física de ioga é a maneira perfeita de se manter fundamentado enquanto você se abre para os estados de êxtase do chacra coronário.

Nós podemos cultivar uma qualidade meditativa e devocional à prática incluindo sequências de ioga lentas e fluidas (*vinyasas*), combinando

39. WALKER, Alice. *The Color Purple*. New York: Harcourt, 2003. p. 196.

mantras com asanas de ioga e visualizando uma luz circulando no corpo e ao redor dele. Durante períodos de relaxamento e meditação, criamos as condições certas para o chacra coronário florescer.

Outras práticas que são propícias para serem trabalhadas com o chacra coronário são: ioga nidra, visualizações guiadas, *metta bhavana* (meditação da bondade amorosa), repetição do mantra *Om*, *pranayama*, ioga em dupla e práticas sexuais tântricas em um relacionamento amoroso.

Prática de Ioga do Chacra Coronário

O objetivo desta prática é desenvolver a consciência do chacra coronário, e preparamos o terreno para isso ao nos concentrar primeiramente nos chacras inferiores, a fim de garantir estabilidade. Na primeira parte da prática, usamos posturas em pé para fundamentação, e isso cria uma sensação de subirmos pelos chacras. Visualizamos imagens de luz e usamos mantras para dar à prática uma percepção meditativa e devocional.

A afirmação que usamos na prática é: "Luz do amor dentro. Luz do amor fora". Nós a coordenamos com a respiração desta forma:

Inspire: "Luz do amor dentro".
Expire: "Luz do amor fora".

Reserve de 20 a 30 minutos.

No final destas instruções, você encontrará um resumo ilustrado de toda a prática.

1. Exercício da Consciência do Chacra Coronário

Encontre uma posição sentada confortável. Esteja ciente de onde seu corpo entra em contato com o chão e relaxe no apoio da terra embaixo de você.

Agora, conduza sua consciência para a base da espinha dorsal, e faça-a percorrer desde sua espinha dorsal até a coroa da cabeça. Depois, mantenha sua consciência no espaço logo acima da coroa da cabeça e repita silenciosamente a afirmação do chacra, coordenando-a com a respiração. Inspire e afirme: “Luz do amor dentro”. Expire e afirme: “Luz do amor fora”.

Exercício da Consciência do Chacra Coronário.

2. Postura da Montanha (*Tadasana*)

Fique reto, com os pés paralelos afastados aproximadamente na largura do quadril. Esteja ciente do contato entre seus pés e a terra embaixo de você. Imagine um fio preso na coroa da sua cabeça, puxando-o levemente para cima; simultaneamente, permita que seu cóccix abaixe e sinta seus calcanhares se enraizando na terra.

Agora, conduza sua consciência para sua espinha dorsal e imagine que ela é uma coluna alta banhada por luz. Mantenha essa imagem da espinha dorsal como uma coluna banhada por luz durante a prática.

Postura da Montanha.

3. Aquecimento Flexionado e Esticado

Afaste as pernas cerca de 60 a 90 centímetros e vire os dedos dos pés levemente para fora. Leve os braços para os lados na altura dos ombros, com as palmas das mãos viradas para baixo. Na sua próxima expiração, flexione os joelhos e abaixe os braços. Inspirando, retorne para à posição inicial. Você pode silenciosamente coordenar a respiração e o movimento com a afirmação. Inspire e afirme: "Luz do amor dentro". Expire e afirme: "Luz do amor fora". Repita por oito vezes.

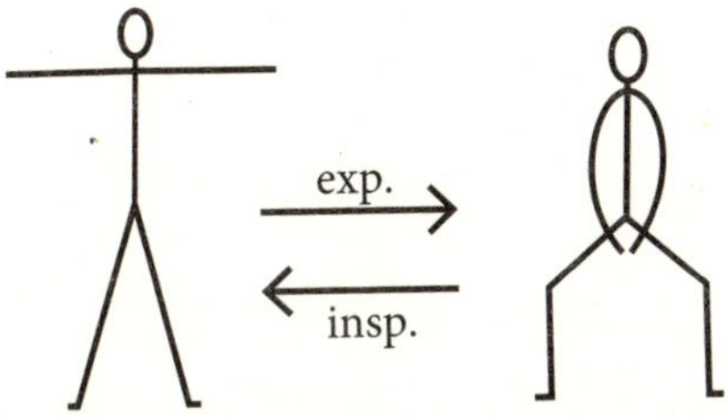

Aquecimento flexionado e esticado.

4. Fluxo do Guerreiro (*Virabhadrasana Vinyasa*)

Os passos a seguir são para o Fluxo do Guerreiro (*Virabhadrasana Vinyasa*):

4a. Guerreiro 2 (*Virabhadrasana* 2)

Para iniciar esta sequência fluida, afaste as pernas cerca de 60 a 90 centímetros, virando o pé esquerdo levemente para dentro e o pé direito para fora. Flexione o joelho direito. Leve os braços para fora, na altura dos ombros, com as palmas das mãos viradas para baixo. Vire a cabeça, olhando na direção do seu braço direito. Permaneça nessa posição durante algumas respirações.

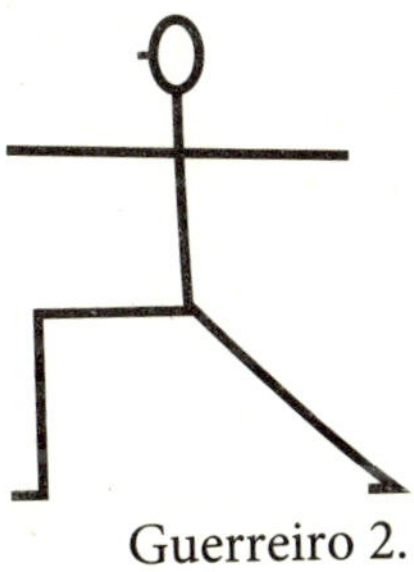

Guerreiro 2.

4b. Postura do Guerreiro Invertida (Variação de *Virabhadrasana*)

Mantendo o joelho direito flexionado, abaixe a mão esquerda, repousando-a do lado de fora da coxa esquerda, estique o braço direito acima da cabeça e para a esquerda e olhe para o braço levantado. Permaneça nessa posição durante algumas respirações.

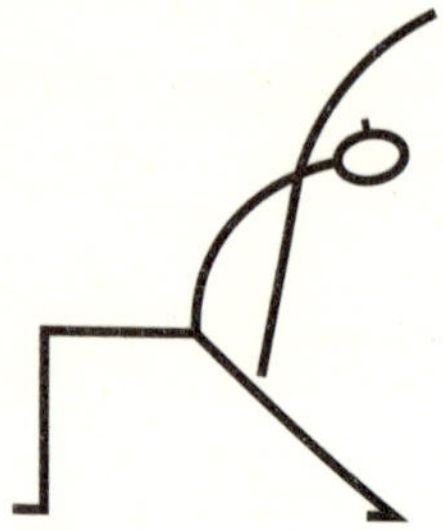

Postura do Guerreiro Invertida.

4c. Postura do Ângulo Lateral (*Utthita Parsvakonasana*)

Repouse o antebraço direito na coxa direita (ou, para uma postura mais forte, coloque a mão no chão), levando o braço esquerdo na direção da orelha esquerda, e mantenha o peito girando para cima. Permaneça nessa posição durante algumas respirações.

Repita os passos 4a, 4b e 4c do outro lado.

Postura do Ângulo Lateral.

4d. Flexão para a Frente em Pé com as Pernas Abertas (*Prasarita Padottanasana*)

Afaste as pernas cerca de 60 a 90 centímetros, com os pés paralelos. Levante os braços para os lados, logo abaixo da altura dos ombros. Inspirando, dobre-se para a frente a partir das articulações do quadril, em uma flexão para a frente com as pernas abertas. Coloque as mãos no chão. Para uma opção mais leve, apoie as mãos nas pernas ou em blocos elevados. Permaneça nessa posição durante algumas respirações e, depois, retorne para a posição inicial.

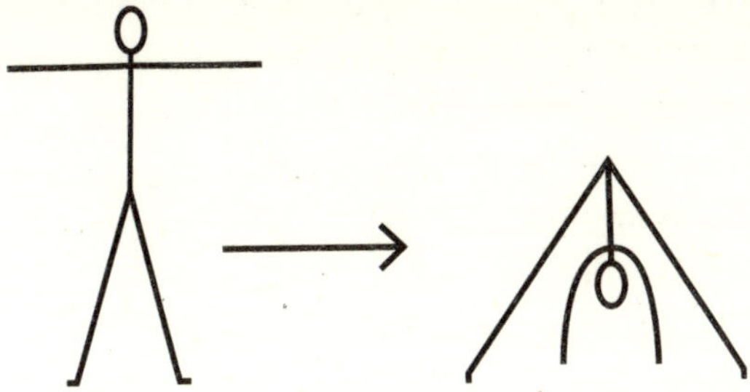

Flexão para a Frente em Pé com as Pernas Abertas.

5. Postura do Dançarino (Natarajasana)

Fique reto, com os pés afastados na largura do quadril e os braços para os lados. Flexione seu joelho direito e, com sua mão direita, segure seu tornozelo. Leve o braço esquerdo para cima da cabeça. Depois, incline o torso para a frente, estendendo o pé de trás para cima e para longe de você, e inclinando-se para a frente e para cima com o braço oposto. Permaneça nessa postura durante algumas respirações e, então, repita do outro lado. Se você tiver problemas de equilíbrio, pratique esta postura de frente para uma parede, com a mão estendida encostada nela para ter apoio.

Postura do Dançarino.

6. Sequência *Ram-Yam-Lam*

Fique reto, com os pés paralelos afastados aproximadamente na largura do quadril, com as mãos repousadas sobre o plexo solar. Inspire e abra bem os braços para os lados. Na expiração, entoe *Ram* (pronunciado como *rum*), conforme você leva suas mãos novamente para o plexo solar. Inspire, levando os braços para cima. Expire, abaixando os braços e cruzando as mãos no coração, conforme entoa *Yam* (pronunciado como *yum*). Inspire, levando os braços para cima. Expire, ficando na Flexão para a Frente em Pé (*Uttanasana*), entoando *Lam* (pronunciado como *lum*). Inspire e fique em pé de novo, levando ambos os braços acima da sua cabeça. Expire, abaixando as mãos novamente no plexo solar. Repita a sequência por mais três vezes.

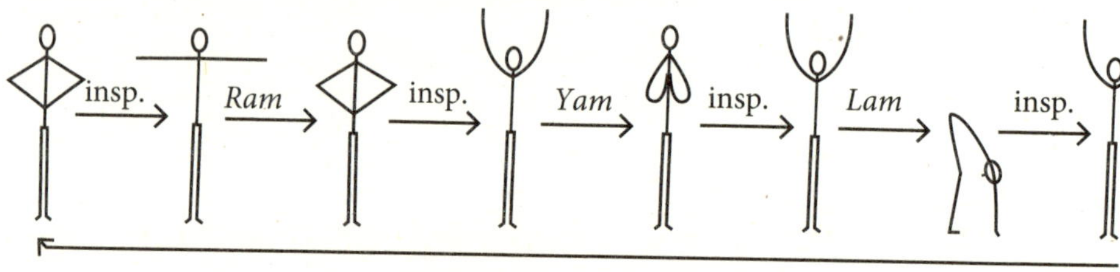

Sequência *Ram-Yam-Lam*.

7. Postura do Cachorro Olhando para Baixo (*Adho Mukha Svanasana*) à Postura do Cachorro Olhando para Cima (*Urdhva Mukha Svanasana*)

Fique na Postura do Cachorro Olhando para Baixo (*Adho Mukha Svanasana*). Inspire e mude para a Postura do Cachorro Olhando para Cima (*Urdhva Mukha Svanasana*). Expire, voltando para a Postura do Cachorro Olhando para Baixo. Enquanto você alterna entre essas duas posturas, coordene silenciosamente a respiração e o movimento com a afirmação. Inspire e afirme: "Luz do amor dentro". Expire e afirme: "Luz do amor fora". Repita por seis vezes.

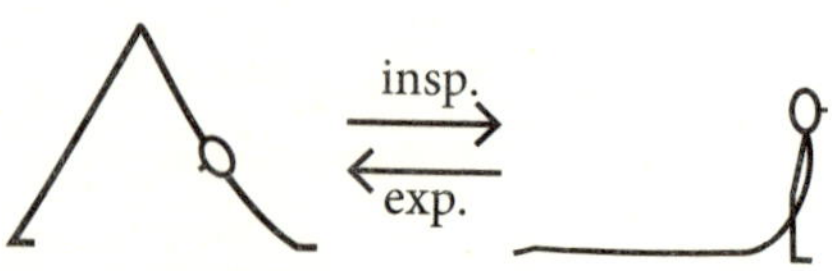

Postura do Cachorro Olhando para Baixo à Postura do Cachorro Olhando para Cima.

8. Variação da Torção Sentada (*Ardha Matsyendrasana*)

Fique em uma posição sentada, com as pernas esticadas. Flexione seu joelho direito e coloque o pé direito para além do joelho esquerdo. Sente-se reto, envolva seu joelho direito com seu braço esquerdo e abrace o joelho no seu peito. Coloque a palma da mão direita no chão atrás de você. Inspire, alongue sua espinha dorsal, expire e vire, olhando por cima do seu ombro direito.

Durante sua permanência nesta torção, a cada inspiração, visualize sua espinha dorsal como uma coluna alta, banhada por luz. E, a cada expiração, desça sua consciência até seu ventre. Permaneça assim durante algumas respirações e, então, repita do outro lado. (Alunos mais experientes podem desejar substituir por uma torção sentada mais complexa neste ponto.)

Variação da Torção Sentada.

9. Sequência do Chacra Cardíaco

Comece na Postura da Criança (*Balasana*), com os antebraços e as mãos no chão, logo acima da sua cabeça. Inspire e fique ajoelhado reto, levando seus braços para cima da sua cabeça. Expire, entoando o mantra *Yam*, conforme você cruza suas mãos e as coloca no seu coração. Inspire, levantando os braços acima da sua cabeça novamente. Expire, voltando para a Postura da Criança. Repita a sequência por seis vezes.

Se você tiver pouco tempo, finalize sua prática neste ponto.

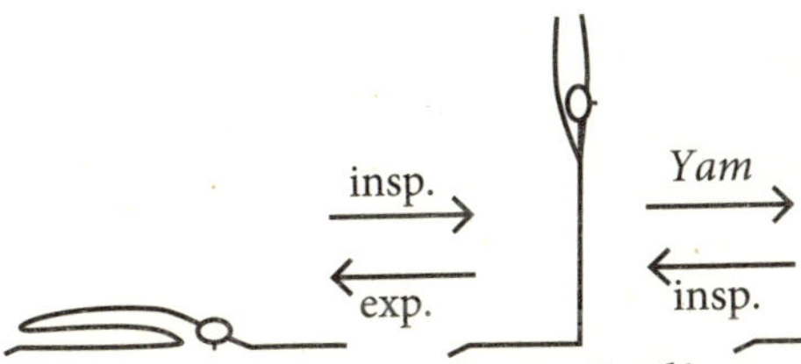

Sequência do Chacra Cardíaco.

10. Meditação do Chacra Coronário

Se você tiver mais tempo, fique em uma posição sentada confortável para a Meditação do Chacra Coronário, apresentada após o resumo desta prática.

Meditação do Chacra Coronário.

11. Mantra *Ma* e Movimentos dos Braços

Após trabalhar com o chacra coronário, o mantra *Ma* é uma forma incrível de se fundamentar, deixando-o pronto para continuar suas atividades cotidianas.

Em uma posição sentada, repouse as mãos sobre seu ventre. Inspire e estique os braços para os lados. Expire e leve as mãos novamente até o ventre, entoando o mantra *Ma* (*mm-ah*).

Repita por seis vezes.

Note que, neste exercício, dividimos o mantra *Ma* em duas sílabas, *mm* e *ah*. Reproduzindo um som de *mm* prolongado, direcione sua consciência ao chacra do terceiro olho, entre as sobrancelhas, e, reproduzindo um som de *ah* prolongado, direcione sua consciência ao chacra sacral, no ventre.

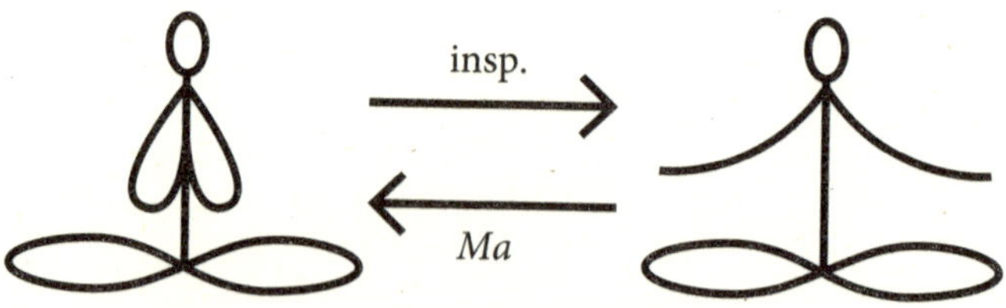

Mantra *Ma* e movimentos dos braços.

Resumo da Prática de Ioga do Chacra Coronário

1. Exercício da Consciência do Chacra Coronário.
2. Postura da Montanha com imagem da coluna de luz.
3. Aquecimento flexionado e esticado × 8. Inspire: "Luz do amor dentro". Expire: "Luz do amor fora".
4. Fluxo do Guerreiro.
5. Postura do Dançarino.
6. Sequência *Ram-Yam-Lam* × 4.
7. Postura do Cachorro Olhando para Baixo à Postura do Cachorro. Olhando para Cima × 6. Inspire: "Luz do amor dentro". Expire: "Luz do amor fora".
8. Variação da Torção Sentada com imagem da coluna de luz.
9. Sequência do Chacra Cardíaco × 6. *Finalize neste ponto se você tiver pouco tempo.*
10. Meditação do Chacra Coronário.
11. Mantra *Ma* e movimentos dos braços × 6.

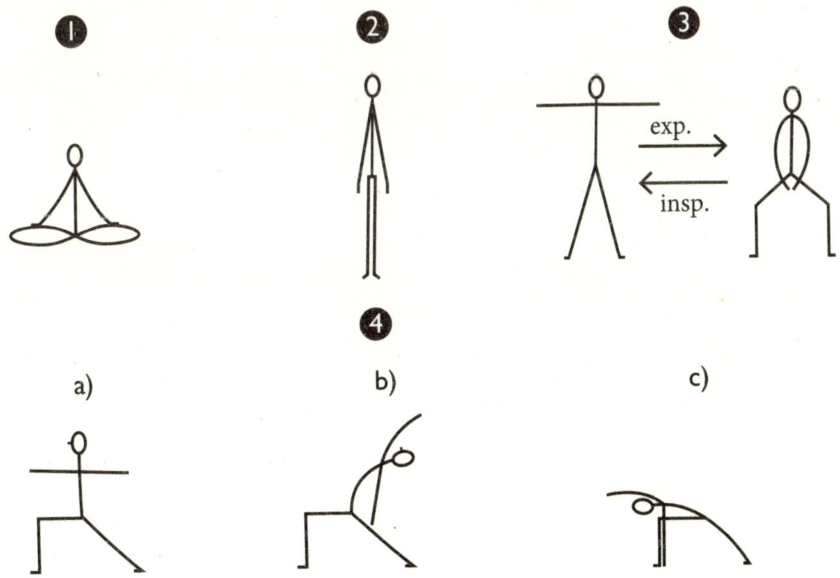

d)

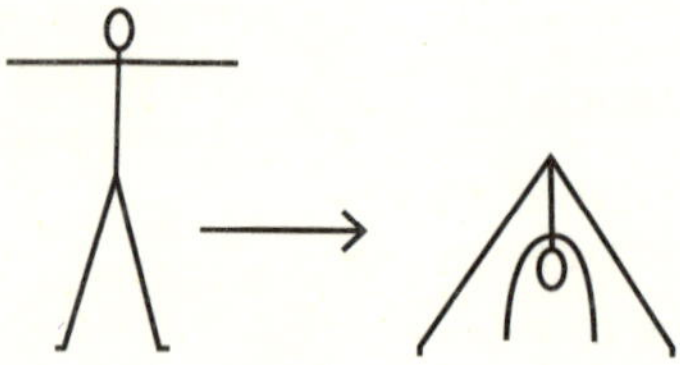

❺

❻

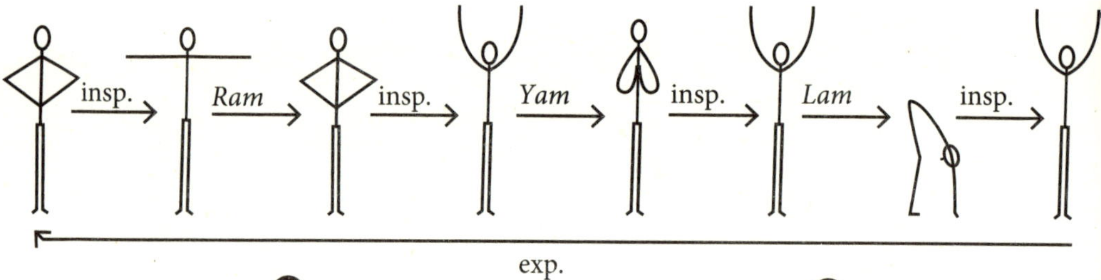

❼

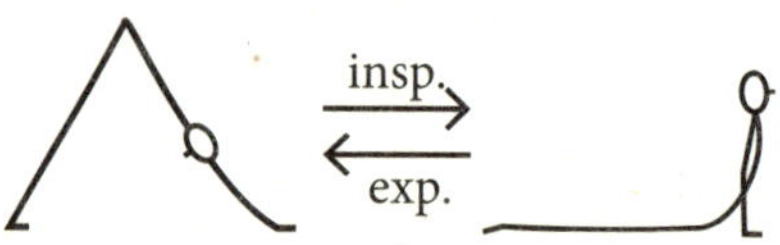

❽

❾

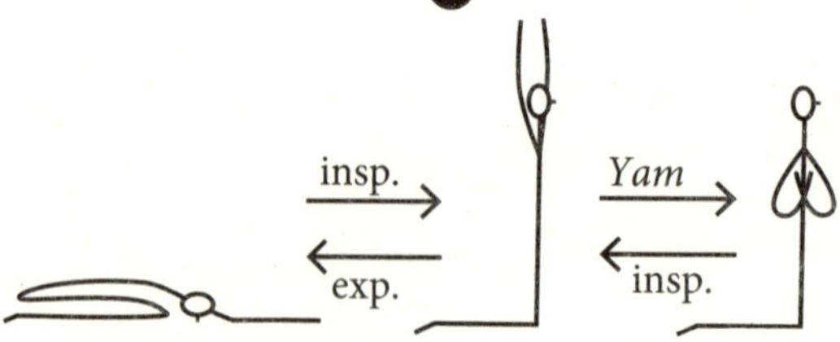

10

11

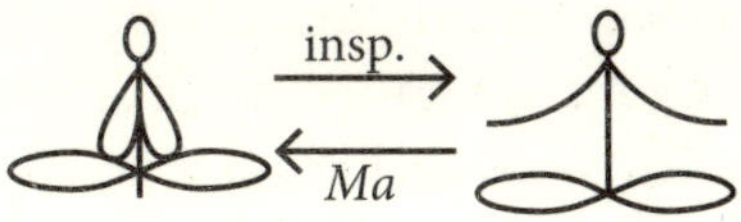

Resumo da Prática de Ioga do Chacra Coronário (continuação).

MEDITAÇÃO

Meditação do Chacra Coronário

Esta meditação pode ser utilizada para iniciar ou finalizar uma prática de ioga, ou também pode ser usada sozinha, como uma prática independente.

Esta meditação é suavemente energizante, é curadora e ajudará a despertar seu ânimo. Ela cria as condições certas para você se conectar com sua consciência cósmica e desenvolver o estado extasiante associado ao chacra coronário.

Encontre uma posição sentada ou deitada confortável. Esteja ciente de onde seu corpo entra em contato com o chão e relaxe no apoio da terra embaixo de você.

Agora, conduza sua consciência para a base da espinha dorsal, e faça sua consciência percorrer desde a espinha dorsal até a coroa da cabeça. Depois, mantenha sua consciência no espaço logo acima da coroa da cabeça e repita silenciosamente a afirmação do chacra, coordenando-a com a respiração:

Inspire: "Luz do amor dentro".
Expire: "Luz do amor fora".

Mantendo sua consciência no espaço logo acima da coroa da cabeça, imagine uma flor de lótus branca com muitas pétalas, as quais se abrem para o Sol. Visualize as duas raízes da flor cruzando pela extensão da espinha dorsal e na base dela, dividindo-se em muitas raízes que percorrem profundamente do seu corpo para a terra embaixo.

Agora, imagine um feixe de luz do Sol dourado iluminar sua flor e irradiar raios de luz solar ao redor do seu corpo. Deleite-se na beleza da flor de lótus, e permita-se relaxar e desfrutar da luz de cura quente que o cerca.

Quando você se sentir pronto, deixe de lado a imagem da flor de lótus. Perceba como está se sentindo agora. Novamente, torne-se ciente de onde seu corpo entra em contato com a terra embaixo de você.

Se você for continuar suas atividades cotidianas após esta meditação, então, a fim de concluí-la, realize a Visualização do Lótus para Fechamento dos Chacras (ver página 50).

MEDITAÇÃO

Meditação em Movimento Extasiante do Chacra Coronário

Nesta meditação em movimento, estamos ampliando nossa capacidade de alegria, aperfeiçoando nossa habilidade de encontrar contentamento em um milhão de pequenas experiências cotidianas. Você pode realizar esta meditação em qualquer lugar – na sua casa, de cômodo em cômodo, no seu jardim, em um parque, no campo ou na cidade.

Comece esta meditação desacelerando levemente sua caminhada e se tornando ciente do contato que seus pés estão fazendo com a terra a cada passo. Observe a sensação do seu corpo conforme você caminha e alegre-se com o ato de caminhar. Mantenha uma consciência sutil do fluxo natural da sua respiração.

Enquanto você caminha, esteja à procura de algo que lhe agrade ou que você ache bonito: a luz do Sol rajada no caminho, reflexos do céu azul e das nuvens em uma poça, crianças brincando, um esquilo subindo em uma árvore. Esteja ciente de quaisquer sensações que tiver: a brisa no seu cabelo, a luz do Sol quente no seu rosto, gotas de chuva. Perceba o aroma da grama aparada ou o perfume de pinheiros depois da chuva. Ouça o som das folhas farfalhando na brisa, dos pássaros cantando, das gotas de chuva em um telhado de zinco. Ao mesmo tempo, observe algo que você considere desagradável – fumaça do trânsito, fumaça de cigarro, um vento muito gelado, e assim por diante –, mas continue a voltar sua atenção para algo que ache agradável.

O chacra coronário nos ajuda a cultivar uma sensação de estar em harmonia com o mundo. Com isso em mente, se você desejar, pode começar a repetir uma afirmação enquanto caminha. A ideia é gerar uma sensação de unidade com seus arredores. Quando você passar por uma árvore, observar uma nuvem flutuar, ficar perto de um rio, vir uma ave de rapina rodeando o céu ou notar um transeunte, repita a frase: "Nós somos um". Outras frases que você pode usar são: "Você é isto", "Eu sou isto" ou "Tudo no ciclo da vida".

Para concluir sua meditação em movimento, volte a perceber o contato que seus pés fazem com a terra a cada passo. Esteja ciente da sua respiração. Perceba como você está se sentindo agora. Tente levar essa sensação de conexão e unidade para a próxima coisa que fizer hoje.

MEDITAÇÃO

Meditação Escrita do Chacra Coronário

Para instruções completas sobre como realizar uma meditação escrita, veja a seção Meditação Escrita com Foco (página 71).

Programe seu temporizador para 10 a 20 minutos e escreva, de forma meditativa, sobre um ou mais destes assuntos:

- A luz do amor é...
- Eu fico repleto de fascínio e admiração quando...
- Quando vivo de acordo com meus valores, meu medo diminui e...
- Iluminação é...
- Sexo tântrico.

Perguntas Meditativas do Chacra Coronário

Para instruções completas sobre como utilizar as perguntas meditativas, veja a página 75.

- Quais valores são mais importantes para mim na minha vida e na minha criatividade?
- O que me ajuda a cultivar uma sensação de fascínio e de admiração?
- Qual pintura, literatura, poesia ou outra forma de arte me inspiram e me animam?
- Como posso introduzir uma qualidade inspiradora no meu próprio trabalho?
- Como crio as condições certas para o êxtase cotidiano se manifestar na minha vida?

Conclusão

A Roda Continua Girando

Parabéns, você chegou ao final do livro e completou uma volta ao redor da roda dos chacras! Nossa jornada ao redor dos chacras é cíclica, em vez de linear. A palavra "chacra" significa "roda", e sua raiz verbal é "*car*", "mover".[40] Quando trabalhamos com os chacras, somos movidos, somos transformados, e nos conectamos com uma fonte de inspiração profunda, que cultiva a nossa vida criativa. A natureza cíclica da nossa jornada ao redor dos chacras significa que não existe um ponto-final. Todo fim é um novo começo.

Espero que você olhe para este livro como um bom amigo, recorrendo a ele sempre que sentir que precisa de uma inspiração inovadora. Com o passar do tempo, conforme você se tornar mais experiente ao trabalhar com os chacras, sua sabedoria interior tomará conta e lhe permitirá saber qual chacra precisa de uma atenção extra. Por exemplo, se você estiver se sentindo ansioso ou desamparado, volte para o capítulo do chacra raiz. Se o seu trabalho criativo se tornar só trabalho e nada de prazer, recorra ao capítulo do chacra sacral, que também é excelente para você voltar ao seu fluxo e refluxo criativos. Se precisar de assertividade, vá para o capítulo do chacra do plexo solar. Se a autocrítica estiver minando seus esforços criativos, encontre um pouco de autocompaixão no capítulo do chacra cardíaco. Quando necessitar encontrar sua voz e se expressar, o capítulo do chacra da comunicação o fortalecerá. O

40. FEUERSTEIN, Georg. *Encyclopedic Dictionary of Yoga*. New York: Paragon House, 1990. p. 72.

capítulo do chacra do terceiro olho o ajudará a conceber o que você deseja criar. O capítulo do chacra coronário o conectará à consciência cósmica, e, quando você está extremamente feliz com a vida, o que não consegue fazer?

Nosso desafio é imbuir nossas criações com a sensação de fascínio e de admiração que vem do trabalho com os chacras. Todo o trabalho que realizamos com os chacras nos ajudará nesta empreitada. O chacra coronário nos une com nosso propósito maior; o chacra do terceiro olho inspira a nossa visão; o chacra da comunicação fortalece nossa autoexpressão; o chacra cardíaco garante que nossas criações sejam imbuídas de amor; o chacra do plexo solar nos dá o impulso e a determinação para concretizar nosso trabalho; o chacra sacral nos dá o nosso fluxo e refluxo criativos, e nos lembra de seguirmos em direção ao que é prazeroso; e o chacra raiz cultiva e apoia as raízes da nossa flor de lótus, e cria as condições certas para nossa criatividade crescer e florescer.

Nós vivemos em um mundo onde há um estado de fluxo constante. Nosso progresso espiritual tende a ser semelhante ao jogo infantil de serpentes e escadas. Quando achamos que chegamos ao topo, a vida tende a nos lembrar, com um escorregão pela serpente, de que existe mais trabalho a ser feito embaixo. Trabalhar com os chacras é uma ação equilibradora, e a maioria de nós precisará regularmente revisitar os chacras inferiores, associados ao mundo material, a fim de verificarmos que temos bases fortes o suficiente para apoiar nosso trabalho nos chacras superiores. O escritor e professor budista Jack Kornfield cunhou a frase: "depois do êxtase, lave a roupa suja" em seu livro com o mesmo título, o que é uma forma perspicaz de resumir a natureza do nosso trabalho com os chacras.[41] A iluminação não é um destino final.

Uma mandala é um círculo sagrado usado para representar o universo, servindo como uma ferramenta para a meditação. Os monges budistas passam dias construindo minuciosamente mandalas de areia intrincadas. Leva um dia para um monge desenhar a mandala com giz. Após isso, outro monge, usando um funil de metal, deposita milhões de grãos de areia com cores vivas para criar a mandala com um padrão complexo. Ele inicia esse processo a partir do centro e trabalha concentricamente

41. KORNFIELD, Jack. *After the Ecstasy, the Laundry*. London: Ebury Publishing, 2000.

para fora. Quando concluído, uma cerimônia é realizada para abençoar a mandala. Enquanto os monges estão entoando a bênção, outro monge começa a destruir a mandala passando os nós dos dedos pela areia. Outro monge varre lenta e meditativamente a areia do perímetro para o centro da mandala com um pincel. Quando a destruição da mandala é concluída, os monges varrem a areia e a colocam em uma urna, despejando-a depois em água corrente, como uma forma de devolvê-la a terra e trazer cura para o mundo.[42]

A criação e a destruição da mandala de areia são ótimos exemplos de como realizar um trabalho e se desapegar do resultado. Os monges criam devotamente algo de uma beleza primorosa e, então, eles se desapegam disso. Para muitos de nós, nossas criações são como filhos, e é difícil se desapegar delas e permitir que encontrem seu próprio caminho no mundo. Apesar de não desejarmos passar os nós dos dedos pela areia da nossa criação, quando criamos um livro, um quadro ou outra coisa qualquer, devemos cultivar a sabedoria de saber quando é o momento certo de soltá-los – como as sementes de uma planta ao vento –, e confiar que pousarão em um solo fértil. Espero que as práticas contidas neste livro o tenham munido com as habilidades de desfrutar do processo criativo e estar totalmente presente nele, desde a concepção até revelá-lo ao mundo.

Reserve um momento agora, ao chegar ao final deste livro, para pausar... inspirar, expirar, pausar... relaxar... e, depois, permitir que a inspiração o inspire novamente. A vida é um ciclo, e, dentro do ciclo, está a Árvore da Vida. Sua espinha dorsal é uma árvore no centro do mundo, suas raízes estão na terra e seus ramos se estendem até os céus. Ao longo do eixo central da espinha dorsal, existem sete flores, e, conforme cada flor dos chacras se abre, você floresce em seu potencial criativo completamente.

---

42. "Sacred Mandala". *BBC, 23 nov. 2009. Disponível em: <https://www.bbc.co.uk/religion/religions/buddhism/customs/mandala.shtml>.*

Bibliografia

ANH-HUONG, Nguyen; HANH, Thich Nhat. *Walking Meditation*. Boulder, CO: Sounds True, 2006.

BROWN, Laura S. *Your Turn for Care*: Surviving the Aging and Death of the Adults Who Harmed You. Publicação independente, 2012.

BUDILOVSKY, Joan; ADAMSON, Eve. *The Complete Idiot's Guide to Yoga*. Indianapolis, IN: Alpha Books, 2001.

CHIRICO, Alice *et al.* "Awe Enhances Creative Thinking: An Experimental Study". *Creativity Research Journal*, v. 30, n. 2, p. 123-131, 2018. Disponível em: <doi:10.1080/10400419.2018.1446491>.

DESIKACHAR, T. K. V. *The Heart of Yoga*. Rochester, VT: Inner Traditions, 1995.

FEUERSTEIN, Georg. *Encyclopedic Dictionary of Yoga*. New York: Paragon House, 1990.

FEUERSTEIN, Georg. *The Yoga Tradition*: Its History, Literature, Philosophy and Practice. Prescott, AZ: Hohm Press, 2001.

HANH, Thich Nhat. *Reconciliation*: Healing the Inner Child. Berkeley, CA: Parallax Press, California, 2010.

IYENGAR, B. K. S. *The Tree of Yoga*. London: Thorsons, 2000.

KENNERLEY, Helen. *Overcoming Childhood Trauma*: A Self-Help Guide Using Cognitive Behavioural Techniques. London: Constable & Robinson, 2009.

KEROUAC, Jack. "Belief and Technique for Modern Prose". *Evergreen Review*, v. 2, n. 8, p. 57, primavera de 1959.

KORNFIELD, Jack. *After the Ecstasy, the Laundry*. London: Ebury Publishing, 2000.

LERNER, Harriet. *The Dance of Anger*: A Woman's Guide to Changing the Patterns of Intimate Relationships. London: HarperCollins UK, 2004.

LUSK, Julie. *Yoga Nidra Meditations*: 24 Scripts for True Relaxation. Woodbury, MN: Llewellyn Publications, 2021.

MARCHANT, Jo. *The Human Cosmos*: A Secret History of the Stars. Edinburgh, UK: Canongate Books, 2020.

MASCARO, Juan (trad.). *The Upanishads*. London: Penguin, 1965.

MURRAY, William Hutchison. *The Scottish Himalayan Expedition*. London: J. M. Dent & Sons, 1951.

NIETZSCHE, Friedrich. *Twilight of the Idols and the Antichrist*. Tradução: Thomas Common. Mineola, NY: Dover, 2004.

O'MARA, Shane. *In Praise of Walking*. London: Penguin Random House, 2019.

STOLER MILLER, Barbara (trad.). *Yoga*: Discipline of Freedom – The Yoga Sutra Attributed to Patanjali. New York: Bantam Books, 1998.

WALKER, Alice. *The Color Purple*. New York: Harcourt, 2003.

WALKER, Alice. *The World Has Changed*: Conversations with Alice Walker. Editado por Rudolph P. Byrd. New York: The New Press, 2010.

WALKER, Barbara G. *The Woman's Dictionary of Symbols and Sacred Objects*. New York: HarperCollins, 1988.

WALKER, Barbara G. *The Woman's Encyclopedia of Myths and Secrets*. New York: HarperCollins, 1983.

Fontes Recomendadas

Chacras

ELIADE, Mircea. *Yoga*: Immortality and Freedom. Princeton, NJ: Princeton University Press, 1990.
FEUERSTEIN, Georg. *The Yoga Tradition*. Prescott, AZ: Hohm Press, 2001.
HALL, Doriel. *Healing with Meditation*. Dublin: Gill & Macmillan, 1996.
JUDITH, Anodea. *Chakra Yoga*. Woodbury, MN: Llewellyn Publications, 2015.
JUDITH, Anodea. *Eastern Body, Western Mind*. Berkeley, CA: Crown Publishing Group, 2004.
KRAFTSOW, Gary. *Yoga for Transformation*. New York: Penguin, 2002.
SIMPSON, Liz. *The Book of Chakra Healing*. London: Gaia Books, 1999.
WILLS, Pauline. *Chakra Workbook*: Rebalance Your Body's Vital Energy. Dublin: Gill & Macmillan, 2002.

Criatividade

CAMERON, Julia. *The Artist's Way*: A Course in Discovering and Recovering Your Creative Self. London: Macmillan, 1995.
ÉSTES, Clarissa Pinkola. *Women Who Run With the Wolves*: Contacting the Power of the Wild Woman. London: Random House, 1998.

KAUFMAN, Scott Barry; GREGOIRE, Carolyn. *Wired to Create*: Discover the 10 Things Great Artists, Writers, and Innovators Do Differently. London: Ebury Publishing, 2015.

Meditação em Movimento

ANH-HUONG, Nguyen; HANH, Thich Nhat. *Walking Meditation*. Boulder, CO: Sounds True, 2006.
HANH, Thich Nhat. *How to Walk*. Berkeley, CA: Parallax Press, 2015.
HANH, Thich Nhat. *The Long Road Turns to Joy*: A Guide to Walking Meditation. Berkeley, CA: Parallax Press, 1996.
SALZBERG, Sharon; GOLDSTEIN, Joseph. *Insight Meditation Workbook*. Boulder, CO: Sounds True, 2001.

Meditação com Atenção Plena

GILBERT, Paul. *The Compassionate Mind*. London: Constable & Robinson, 2009.
HANH, Thich Nhat. *Mindful Movements*: Ten Exercises for Well-Being. Berkeley, CA: Parallax Press, 2008.
ORSILLO, Susan M.; ROEMER, Lizabeth. *The Mindful Way through Anxiety*: Break Free from Chronic Anxiety and Reclaim Your Life. New York: Guildford Press, 2011.
WILLIAMS, Mark; PENMAN, Danny. *Mindfulness*: A Practical Guide to Finding Peace in a Frantic World. London: Piatkus, 2011.

Escrita e Meditação Escrita

GOLDBERG, Natalie. *Writing Down the Bones*: Freeing the Writer Within. Boston, MA: Shambala Publications, 1986.
MAGRS, Paul; BELL, Julia (ed.). *The Creative Writing Coursebook*. London: Macmillan, 2001.
RENTZENBRINK, Cathy. *Write It All Down*: How to Put Your Life on the Page. London: Macmillan, 2022.

O National Centre for Writing (afiliado à Universidade de East Anglia) oferece cursos de escrita criativa para atender a todos os níveis e habilidades e, até mesmo, alguns cursos gratuitos de curta duração. Seus cursos on-line podem ser realizados de qualquer lugar do mundo, e são uma ótima maneira de encontrar uma comunidade de escritores. Confira seu site para encontrar ótimos recursos e dicas de escrita: <https://courses.nationalcentreforwriting.org.uk/>.

Prática de Ioga

Existem muitas fontes excelentes para iniciantes e alunos mais experientes que podem ser encontradas na internet, portanto, explore e veja o que está disponível e o que lhe agrada. Além disso, peça recomendações para amigos praticantes de ioga. A seguir, são apresentados alguns sites que utilizo com frequência. O site de Esther Ekhart é uma fonte inestimável para iniciantes e alunos mais experientes:

<www.yogajournal.com>

<www.ekhartyoga.com>

Existem muitos livros de ioga incríveis que estão disponíveis. Entre na internet ou visite sua livraria local e veja o que lhe agrada. A seguir, são apresentados alguns dos meus livros de ioga favoritos:

BENNETT, Bija. *Emotional Yoga*: How the Body Can Heal the Mind. London, UK: Bantam Books, 2002.

FARHI, Donna. *Yoga Mind, Body & Spirit*: A Return to Wholeness. New York: Henry Holt, 2000.

GATES, Janice. *Yogini*: The Power of Women in Yoga. San Rafael, CA: Mandala Publishing, 2006.

HALL, Jean. *Breathe*: Simple Breathing Techniques for a Calmer, Happier Life. London: Quadrille Publishing, 2016.

KRAFTSOW, Gary. *Yoga for Wellness*: Healing with the Timeless Teachings of Viniyoga. New York: Penguin, 1999.

LASATER, Judith. *30 Essential Yoga Poses*: For Beginning Students and Their Teachers. Berkeley, CA: Rodmell Press, 2003.

LASATER, Judith. *Living Your Yoga: Finding the Spiritual in Everyday Life*. Berkeley, CA: Rodmell Press, 2000.

LEE, Cyndi. *Yoga Body, Buddha Mind*. New York: Riverhead Books, 2004.

POWERS, Sarah. *Insight Yoga*. Boston, MA: Shambhala Publications, 2008.

ROUNTREE, Sage. *Everyday Yoga*. Boulder, CO: Velo Press, 2015.

SABATINI, Sandra. *Breath*: The Essence of Yoga – A Guide to Inner Stillness. London, UK: Thorsons, 2000.

SCARAVELLI, Vanda. *Awakening the Spine*: The Stress-Free New Yoga That Works with the Body to Restore Health, Vitality, and Energy. New York: HarperCollins, 1991.